JN196778

個性化プロセスと
ユング派教育分析の実際

鈴木康広 著
SUZUKI YASUHIRO

遠見書房 tomi shobo

見果てぬ夢　The Impossible Dream　（Man of La Mancha より）

To dream the impossible dream, To fight the unbeatable foe
To bear with unbearable sorrow, To run where the brave dare not go
To right the unrightable wrong, To be better far than you are
To try when your arms are too weary, To reach the unreachable star !
This is my quest to follow that star !
No matter how hopeless no matter how far
To be willing to give, when there's no more to give
To be willing to die so that honor and justice may live

And I know. If I'll only be true to this glorious quest
That my heart will lie peaceful and calm
When I'm laid to my rest
And the world will be better for this
That one man scorned and covered with scars
Still strove with his last ounce of courage
To reach the unreachable stars !

はじめに　〜ユングに胸を借りて〜

　私がある精神病院にて行った講演（「ユング心理学の現代的意味」）の際に，『ユング自伝』を概観して，ユングのその後の活動・活躍の大元である土台が，精神科医としてのキャリアを積んだ「4章　精神医学的活動」と，フロイトとの訣別後独自の道を歩み出した「6章　無意識との対決」にあるのではないか，と指摘した。その際，講演会場が精神病院内の研修室で行われたこともあるが，なぜ私が日本の精神病院勤務を辞してスイスのユング研究所へ留学したのかという個人的な質問があった。それがきっかけとなり，改めてこのことを考察することになった。

　私にとって留学前に勤務した吉田病院での8年間の一般精神科臨床経験がこの「精神医学的活動」に対応し，スイスでの5年4か月の留学生活が「無意識との対決」に相応するのではないか。

　まず，「無意識との対決」から述べたい。

　ユングにとっての 1912/1913 年から 1929 年にかけての「無意識との対決」の全貌が『赤の書』[1]（2009/2010）の出版によって明らかになりつつある。この凄まじい心理的格闘のありさまが，レベルの違いはあるが，私の5年4か月にわたるスイスでの分析家になるための訓練と家族との日常生活における内的現実及び外的現実の格闘のプロセスと本質的に相応するものではないか，と感じられたのである。

　その格闘のプロセスを，私自身の受けた教育分析（約1年8か月の描画を併用した夢分析とその後約3年にわたる箱庭制作）で表現されたヴィジュアルな素材を提示し検討していきたい。

　個人的な教育分析の内容を開示するのには当否の議論もあるであろうが，分析開始後 14 年経っていて十分冷静に，客観的に距離を置いて振り返り可能であることと，直接の言語化された夢内容の素材ではなく，いわばワンクッション置いた（緩衝された）ヴィジュアルなイメージの素材であることに

1　C・G・ユング著，S・シャムダサーニ編（河合俊雄監訳）『赤の書』創元社，2010

より，十分な開示と検討の意義があると判断した。

　ユングの『赤の書』においてアクティブ・イマジネーション（能動的想像法）active imagination とそれに基づく自由描画 vision が展開されているが，本書においても，「Ⅰ　序論」にて，スイスでの訓練と生活の背景などの素描をした後に，「Ⅱ　Vision（自由描画）による教育分析—夢分析を併用して—」にて，主に音楽を聴きながら音楽によって賦活された（activate された）アクティブ・イマジネーションによる自由描画 visions：描画作品 1 ～ 139（約 1 年 8 か月にわたる故 Françoise O'Kane 氏との教育分析）を提示していきたい。

　O'Kane 氏と私の教育分析は総計 132 時間行われた。ユング派分析家資格取得のための教育分析は 300 時間以上行わなければならない。ユング派では教育分析は通常夢分析で行われるのだが，その後事情があって[2]，当時国際箱庭療法学会（ISST）会長だった Ruth Ammann 氏に，箱庭制作[3]で教育分析を行うよう依頼した。約 3 年間にわたる箱庭作品 1 ～ 127 を，続いて「Ⅲ　箱庭制作による教育分析—夢分析を超えて—」において提示していきたい。Ammann 氏との教育分析は総計 169 時間行われた。

　特に箱庭療法に関心のある読者は，Ⅲ章から読み始められたい。

　力動的精神療法である精神分析（フロイト派），分析心理学（ユング派）では「無意識を意識化すること」が要諦であるが，それぞれやり方は異なっている。

　フロイト派のやり方はできるだけ言語化することであり，ユング派のやり方は夢分析や描画療法，箱庭療法など「イメージを取り扱う」ことに主眼を置いている。そのやり方の相違は以下の二つのことに起因している。

　一つは，創始者の対象とした患者・クライエント層の病態水準の違い。

　二つ目は，創始者自身の気質，病態水準の違いである。

2　スイス留学前に日本で箱庭療法の訓練の経験がなく，心配になったこと。スイスにて日本箱庭療法学会に入会した。ユング研究所で講義をしていた Ruth Ammann 女史に教育分析を箱庭制作で行ってほしいと依頼した。

3　active imagination in various modes: Murray Stein(ed.) *Jungian Psychoanalysis*, p.70, 2010

フロイトはウィーン大学でポストを得られず市内で開業したので，外来通院できる神経症圏の患者が主に診察対象であった。またフロイト自身が神経症圏の気質と苦闘し，そこから自身の理論を生み出していったと言われている。

　一方，ユングはチューリッヒ大学医学部精神科の精神病院ブルグヘルツリで，住み込みの病棟講師として医師のキャリアを積み，入院中の精神病圏の患者が主に診察対象であった。またユング自身が，1912/1913 年のフロイトとの訣別後精神病様状態に陥り，そこからの回復と苦闘のプロセスから，自身の理論を生み出していった。いわゆる「無意識との対決」である。

　発達心理学的に見て，言語が獲得されるのは，1歳半から3歳にかけてであり，3歳にかけての対象恒常性の確立をもって，自我の強さ ego-strength あるいは現実検討能力がしっかりしてくると見做されている。明らかに言語化が可能なのは，3歳以降の対象恒常性が確立された，自我心理学派の言うところのエディプス期以降にあたり，いわゆる「神経症」圏の発症（根源）期に相応する。フロイト派が「無意識を意識化する」のに「言語化」をすすめる所以である。

　それに対して，ユング派が「無意識を意識化する」のに「言語化以前」の「イメージ」を重視するのは，3歳あるいは2歳以前の「精神病」圏の発症（根源）期に親和性のある第一次過程[4] を理解しようと試みたからに他ならない。

　イメージは夢のイメージとして取り扱われることもあれば，描画療法や箱庭療法で表現されることもある。その場合イメージは芸術 art として，絵画，音楽，映画，ドラマ，文学，昔話，神話と関連してくる。ユング派の拡充法として用いられる，(個人的) 無意識の奥の集合的（普遍的）無意識に基づいてくる所以である。これらは神経症圏の無意識以前の世界である。また，描画作品や箱庭作品は，言葉での説明がなくとも，ヴィジュアルに誰にでも分かりやすく目に見えて変化が分かる利点がある。

　クライエントによっては言語化するのが得意な人もいれば，言語化するの

4　高橋哲郎（1988/2003）によると，言語化以前のばらばらなイメージの断片だけが飛び交う世界。言葉があったとしても詩文あるいは禅問答のような世界。これに対して，精神分析では上記のような言語化できる世界（言語構文法と論理の規則があてはまる）を第二次過程と呼ぶ。『子どもの心と精神病理』岩崎学術出版社，p.42/32

が苦手でイメージの方が表現しやすい人もおり，人それぞれである。人によって得手不得手がある。

　私にとってはイメージを扱う方が合っていたと言える。アートが好きで小さいころから絵を習ったり美術館へ頻回に出かけたりした。自身の関心，興味，気質からであり，「自身の微分アンテナ」（中井久夫）[5] という視覚優位性に基づいているかもしれない。合っているという相性から得意分野であるのだが，逆に，両刃の剣で危険性もある。時として圧倒的な無意識に呑み込まれて，現実検討能力を失い，自我肥大 ego inflation に陥る危険性である。危険な綱渡りとも言えよう。一歩踏み外せば奈落へと落ちてしまうのである[6]。一方，「虎穴に入らずんば虎児を得ず」[7] という諺があるが，危険がありながらもそこに飛び込んで体験しなければ何事も得られないのである。

　ユングの言もそこに重なる[8]。「龍と果敢に対決し，それにもかかわらず破滅しない者のみが宝を，すなわち "手に入れることの困難な宝" を発見し，獲得するのである」。誰もが "内なる龍（内なる龍との闘い）" を自身の中にもっている。内なる龍との闘いをくぐり抜けて，ひとはその内なる龍に精通することになる[9]。

　私の5年4か月のスイス留学における「無意識との対決」が，ユングの約16年間（1912/1913 〜 1929）にわたる「無意識との対決」に比するべきものではないが，苦闘のプロセスのエッセンス自体は考察に価すると思われる。

　私にとっては苦闘であり，かなり苦しくしんどいものであった。ただこのプロセスをくぐり抜けて，結晶化されたものは，その後の私にとって実り多きものとなった。この点はユングと同じである。ユングにとってのこの16年間は，その後の彼の多方面にわたる展開と活躍の源となった。全ての萌芽がこの16年間に凝集されていた。

5　中井久夫著『分裂病と人類』東京大学出版会，1982/2013, p.9
6　1992 〜 3年頃見た夢のイメージ：薄氷の氷上を歩む虎
7　塚崎直樹（私信，2015）によると，虎を想定すること自体，すでにそこに執着，得ようとする欲，我執がある。
8　C・G・ユング著（池田紘一訳）『結合の神秘Ⅱ』人文書院，1970/2000, pp.337-338
9　鈴木康広著『宗教と心理学』創元社，2011, pp.105-106

No pain, No gain. (苦しみなくして得るものなし, 何かを得るには苦労はつきものである) という言があるが, これをもじって Prof. Verena Kast（2007）は No emotion, No change. とユング研究所のコロキアで述べていた。知的に頭で分かるのではなく情動で分かる, 情動が動くのでなければ, クライエントは良くならない, といった意味であろう。最近では（私信, 2016）, No emotional change, No gain. (情動的な変化がなければ良くはならない) と述べている。こころ動かされることが大事なのである。

私の場合も, どっぷり無意識に浸かって, 時に呑み込まれ巻き込まれ, そこでもがいて, 何とかくぐり抜けることを繰り返し, 情動的に動揺しながら揺れ動き, 右往左往することを通して, どうあるべきかを学んでいったプロセスであった。そういった意味での実りであった。

話を個人的な質問のあったことへの考察に戻すと, スイス留学の「無意識との対決」に対して, 留学前の 8 年間の民間精神病院（吉田病院）での勤務では, 一般精神科臨床全般のトレーニングを行った。吉田病院は "野戦病院" のような所で, ハードワークを続ける指導医の先生方やスタッフの皆さんには今でも頭が下がる思いである。そこで, 苦しみながらも, チームワーク, チーム医療の実際を学び, 何より患者たちが生きた教科書であり教師であった。臺弘が "松沢病院" をゴーリキーを引用して「私の大学」と呼んでいる [10] が, 私にとって吉田病院は「私の大学」であった。"作者は自分が社会に目覚めて勉強した時期を大学と呼んだ"[11] のであるが, 私が初めて精神医学に目覚めて勉強した時期が, ユングの「精神医学的活動」に相応するのではないかと思われた。

精神病院勤務を辞した頃は, また苦しみの中で自らの道を模索した時期でもあった。それまでのやり方に行き詰まり, 言語化を重視するフロイト派からイメージを重視するユング派へ転向し, 故加藤清先生と出会い, 勧められて, スイスのユング研究所へ留学することを決意した。この背景には傷つい

10　臺弘著『誰が風を見たか─ある精神科医の生涯』星和書店, 1993, p.140
11　同上

た癒し手 Wounded Healer（傷ついているが故に癒し手を志した，傷あるが故にクライエントに共感できるといったもの：III章で後述）元型があるが，自身の精神的格闘の過程を追いながら，個性化のプロセスとユング派教育分析の実際を提示していきたい。

　私にとって，スイスのユング研究所への留学は未知の世界への挑戦であった。そこから私は個性化プロセスを歩み始めることになった。

　冒頭に掲げた詞は，ドン・キホーテを描いたミュージカル映画『ラ・マンチャの男』の挿入歌である。ドン・キホーテは，風車に突進していく狂人ではあるが，私にとって未知の世界への挑戦を象徴するものである。私はこの歌の無垢な真摯さと一途さ，そしてその悲哀に心打たれた。

　ドン・キホーテは一見（外的には）狂人であるが，内的には真摯な無垢な世界を生きている。スペインの脳神経学者ラモン・イ・カハールが指摘しているように，我々はキホーテ主義 [12] ともいうべきチャレンジ精神を失ってはならない。突拍子のない突飛なものにみえても，そこには豊かな水脈・鉱脈が隠されているかもしれない。

　私の最も大切にしている言葉のひとつである「チャレンジする限り，我々は楽観的でありうる」（河合隼雄）[13] を挙げておきたい。失敗や挫折，試行錯誤を繰り返しながら，時に心が折れることがあっても，そこから這い上がろうとし続けることで，道は拓ける。また，修行者が苦行をし続けることが出来るのは，それ自体を楽しむことができるからではないか。潜在可能性が実り多く実現する楽しみをもつと同時に，私は個性化のプロセス自体をスイスでの教育分析を通して楽しむことができた。この二つの意味での「楽観」を読者に味わっていただければ幸いである。

　「見果てぬ夢」はスイスで分析家資格を得て完成ではない。個性化プロセスは，次のステージへと今なお続く，途上にある。「見果てぬ夢」を見続ける限りは楽観的でありうる。

12　秋元波留夫著『精神医学逍遥』医学書院，1994, pp.170-173
13　河合隼雄　フルブライト財団主催の講演会より．大阪，2000

目　　次

妻と息子に。

個性化プロセスとユング派教育分析の実際

Ⅰ 　序　　論

1．クライシスとクライシスからの回復
crisis and recovery

私にとってのクライシスとは何か？

１）中年期クライシス

私の留学期間が 39 歳から 45 歳にかけてで，まさに中年期クライシスの時期に当たり，留学が人生の岐路でありライフイベント上の激変であった。それまで短期間の海外旅行をしたことはあるものの，長期にわたる海外の滞在や留学はしたことがなかった。スイスへは行ったこともなかった。しかもスイスは言語や生活習慣の異なる未知の土地である。フロイト派からユング派へ転向したばかりで，ユング派の友人や知人もほとんどいなかった。

前職の病院を辞職して留学したのだが，必ずしもユング派分析家資格が取得できるとは限らないし，帰国後のポストがある訳でもなく，何の保証もなかった。

また，異国で育児と家事を行わなければならず，家族ともども大変な状況であった。

ユング研究所に留学中の同僚である数人の日本人以外，友人や知人はほとんどおらず，日常生活の瑣事を相談できる人はいなかった。スイスでの生活習慣や手続きなどを含めて，自身の教育分析家に尋ねるしかなかった。

2）アイデンティティの問い直しが突きつけられる〜自我の強さと現実検討能力によって保たれた，内界と外界との境界 boundary がゆさぶられる体験〜

中年期クライシスとも関わるが，異国での生活は，自身のアイデンティティや生き方が大きく問われることになる。

私はスイスに入国するや否や，警察証明を求められ指紋を取られた。アメリカで入国審査において指紋取りがルーチン化される前のことである。「勉強するために留学，入国しているのに，自分は犯罪者扱いか」と私は憤慨した。

そうした状況下で，日本からスイスへ送った荷物の私の大切な本の中から，吉川英治『新・平家物語』（講談社文庫）全集のうちの第5巻と，E・ノイマン『意識の起源史』（紀伊國屋書店）の上巻がなくなっていた。

他の荷物は，数日かけて，小分けにされて，全て届いたが，結局『新・平家物語』第5巻と『意識の起源史』上巻は戻ってこなかった。これらの本はどこかで抜き取られた。私には思い込みの強さや被害的にとる妄想分裂態勢P-S position になりがちなところがある。これは心的事実であり内的現実である。一方，『新・平家物語』と『意識の起源史』がないのは外的現実である。ひとは内的現実と外的現実にどう折り合いをつけているのだろうか？

そういった状況の中で，つまり，言語や文化，生活習慣が異なる海外での意思疎通の取りにくい外的現実，及び，私の独りよがりの思い込みにすぎないと見做されかねない内的現実の心理的孤立状態の中で，私は慢性的に P-S position に陥って行った。そこで，ひとつの気づきがあった。

スイスと日本でやり取りするのにインターネットのメールが非常に役立ったので，日本で購入したパソコンをスイスに持ち込んだ。そのパソコンで日本のソフト（DVD）を見る際，始めの15分間くらいは視聴可能だが，そこで中断し，パソコンをインターネットに繋ぐと視聴可能になることから，パソコンのデータはインターネットでサーバーを通じて流れることが分った。

これにより，特定の監視対象のデータのみならず，不特定多数のデータが，このように流れているのではないか，という疑念が脳裏をかすめた。これは，自身の恐れや不安に基づき，同時に，葛藤を伴うものであった。

それらは，また，自身の自我の強さの低下と維持との鬩ぎ合いでもあった。どこまでが本当で，どこからが思い込みなのか。盗聴されているのではないかと思い込んで怯える内的現実は，データ通信が実際行われているという外的現実とどう絡んでくるのか。それらの境界 boundary はどこなのか。思い込みが実は事実であったというような，内的現実が外的現実と置き換わってしまう事態において，現実とは何かという定義自体が錯綜し混乱してくる。内的現実と外的現実を区別する現実検討能力自体も揺らがざるを得ない。現実とは何かによって「現実」検討能力が問われるという，大変なパラドックスである。疑い出せば泥沼の深みへ入っていくものだ。

　こうした（外的・内的な）孤立状態の中で，自己（の内面）と向き合わざるを得なくなった。唯一の心の慰めが，日本から気分転換用に持ち込んだ数十点の CD であった。ジャズは Oscar Peterson, Keith Jarrett, L. Hampton, Ray Brown, Carmen McRae, Nancy Wilson, Jimmy Scott, Keiko Lee, 小野リサ，渡辺貞夫，ポップスは，Natalie Cole, Roberta Flack, Celine Dion, Mariah Carey, Carole King, Billy Joel, Stevie Wonder, Gloria Estefan, Enya, Peabo Bryson, Simon and Garfunkel, Eagles, サザンオールスターズ，ユーミン，宇多田ヒカル，MISIA，小田和正，B'z，ケミストリー，Beatles，クラシックは，Carlos Kleiber 指揮，Yo-Yo-Ma, I. Perlman, M. Maisky, フジ子・ヘミング，村治香織などである。

　この心理状況下で音楽を聴くことがヴィジョンを活性化し（呼び起こし，誘発し）activate, evoke，アクティブ・イマジネーションとなったと言えよう。メカニズムとしては，心的水準の低下 abaissement du niveau mental[14]，つまり，葛藤状態が一種の心的窮乏・変性意識状態をもたらしたと言えるであろう。それは，ある意味，「魔境」と言えるかもしれない。

　ユングはアクティブ・イマジネーションを以下のように，肯定的に捉えている[15]。「心的イメージの生き生きとした観照のうちにいつもあるという事実にあって，現在そうでなかったり，もはやそうでないといったことに基づく

14　鈴木康広著『宗教と心理学』創元社，2011, p.62
15　C・G・ユング著，A・ヤッフェ編（河合隼雄，藤縄昭，出井淑子訳）『ユング自伝2』みすず書房，1973, p.107

のではない。（中略）むしろ（湧き上がる心的イメージを）尊重したい」。加藤も「魔境」を、「自我にとらわれているが故に究極なるものではないが、究極的関心へと方向づけられているということは注目に値するであろう」と、その意義を認め、「これらが究極的問いとその答えに集中する能力を高めてくれる」と指摘している [16]。

音楽を聴くことによるアクティブ・イマジネーションによって得られたヴィジョンを描き留めることによって、無意識に呑み込まれて溺れかけながら、必死にもがく状況を冷静に眺めて客観視する視点を、獲得できたのかもしれない。主観的に巻き込まれてどっぷり浸かる自分と、一方では客観的に冷めた目で見つめる自分。二人の自分の視点が絡み合い、相まみえながら、第三のもの（超越機能 transcendent function）を生み出そうとしていたのかもしれない。

教科書的には、意識と無意識が鬩ぎ合い、無意識の圧倒的なエネルギーに呑み込まれて危険な状況であった。時にヴィジョンに魅せられのめり込み時にふと我にかえり現実に引き戻された。大海原にあって、時には沈み時には浮かび、時には水が口に入り溺れかけ時には浮き上がって息をつぎ、海中と海上をもがき漂いながら、必死にボートを漕ぎ続け、左足を海中に浸しながら、一方では右足をボートの船底に据え、ボートを漕ぐことによる手動での動きは限定的でどこに向かうかは潮の流れに任せて身を委ねる、といったイメージであろうか。

無意識の大海原の前では、ボートなど小さな存在である。ただ灯台の光や夜空の星の位置などをガイドに、自我のボートはオールを漕ぎ続けて人事を尽くし、流れ着いたところが、とりあえずの目的地であるかもしれない。

相反する相補的なものの鬩ぎ合いから、第三のもの（としての目的地）が生まれいずるのかもしれない。それが超越機能であり創造性 creativeness であろう。創造性と個性化のメカニズムがここにある。また、このことが結果的にクライシスからの「回復」をもたらしたのであろう。

16　加藤清著「サイケデリック現象と究極的関心の活性化」堀尾猛編集『明日への提言—京都禅シンポ論集』所収、天龍寺国際総合研修所、1989/1999, pp.93-107
　　註 14 と同じ：p.62, 65

私という極めてプライベートな（主観的な）フィルターを通して，どこまで普遍化・一般化可能か（客観的か）分からないが，超越機能が生まれる過程を味わっていただきたい。個別性の井戸を深く掘り下げていって，豊かな水脈に到れれば幸いである。

　以下，「Ⅱ　Visions（自由描画）による教育分析—夢分析を併用して—」の描画作品 1 〜 139（8. Nov. 2002 〜 1. July. 2004：1 年 8 か月間）にて提示していきたい。

2．家族の支え〜現実の土台

　私にとって重要であったのは，こうしたクライシスの最中にあっても，家族が傍にいてくれたことである。父親との 2 か月間の同居，妻と息子との 4 年 8 か月の共に過ごした時間と生活が，いかに私の心の支えになったか，という点である。

　ユングは，フロイトと訣別してからの 16 年間（1913 年から 1928 年にかけて）ある種の精神病状態になった。この苦闘のプロセスは『赤の書』に詳しい。アクティブ・イマジネーションを続けながら，無意識の圧倒的なエネルギーに呑み込まれそうになりながらも，ユングは，手や身体を動かす石大工作業（ボーリンゲン Bollingen の塔の建築他），外来診察を続けてクライエントに現実的・実際的なアドバイスをしたり，子どもと遊んだり家族との現実的なやりとりを行うことにより，対処方法 coping を身に着けていった[17]。

　こうした意味で，同様の文脈上で，私も，“家族の支え〜現実の土台”に鍛えられ助けられたのであった。

　“この家族を失っていいのか？”

　この内的な声が，無意識の暴風雨に吹き飛ばされないよう，辛うじて自身を大地に根づかせてくれたのかもしれない。

　内的現実と外的現実の鬩ぎ合いのテーマである。そこから波乱万丈のドラマが生まれる。私のファンタジー，それを扱う教育分析といった内的現実と，

17　鈴木康広著『宗教と心理学』創元社，2011, p.106

妻や息子との日常生活という外的現実，またユング研究所の講義やクライエントとのセッションやそのスーパーヴィジョンといった**外的現実**。それらが鬩ぎ合いながら，ひとつのタペストリーを織り成していくのであった。

　子は親に育てられる，と言うより，「親は子に育てられる」という表現があるが，私自身も私たち夫婦も，この「波乱」に鍛えられ育てられた，と言えるかもしれない。

Visions（自由描画）による教育分析
—夢分析を併用して—

音楽による（に *evoke* された）*active imagination*
描画作品 1 〜 139（8th Nov. 2002 〜 1st July 2004, with Dr. Françoise O'Kane）

以下，順に提示していく。

2008 年 10 月に私はスイスに父親と到着して，キュスナハト Küsnacht のホテル Sonne に宿泊しながらアパートの契約と前任者からの家具の受け取り，日本からの荷物の受け取りなど，アパートで生活できるよう準備と整理を行っていった。またこの間，自身の教育分析家を決定しなければならなかった。初めに Dr. Guggenbühl-Craig, A.（今は亡き故人）に申し込んだが心臓疾患の術後の療養中とのことで引き受けてもらえなかった。多くの日本人留学生の教育分析を引き受けている先生に申し込もうとも考えたが，アメリカ人の同僚に聞くと，英米人は幾人かの分析家と面談したうえで，自分と相性のいい分析家を選んでいる，との事だったので，私もこのやり方にならって，数人の分析家とあらかじめ会った。その結果，池上司先生から話を伺っていた（池上先生の資格論文助言者 Diploma Thesis Adviser である）民俗学者でもある Dr. Françoise O'Kane 女史（今は亡き故人）にお願いすることとなった。

2008 年 11 月 8 日が初回のセッションであるが，11 月 6 日に次のような初回夢を見た。

「私は一人の中年女性の仲介者と一緒に二人の老人男性と会っている。私の

誕生日196X年1月8日が日本では大雪の嵐であった，と私が喋ると，二人の立派な老人男性が相槌を打ち，ヨーロッパでもその日は台風か嵐（ハリケーン）が来ていたと言う。二人の男性のうち，一人は日本人で，その人が体験談として言うには"その日，自分は故郷の信州にいたが，台風が剃刀のように山々の木々を薙ぎ倒して通過して行った"と懐古しながら語る。もう一人の男性は"スイス人は決してそのような台風が襲ってきても，世界中の中で（他の国の人たちが逃げ出したとしても），最後まで逃げない国民だ。もっとも台風で海から津波がやってきたとしても，ここスイスは山国で海から離れているから大丈夫だけど"と最後にジョークを加える。歓談で座は大いに盛り上がる。（以下省略）」

　もちろん私の故郷は信州ではない。内なる自身の分身（主体水準の解釈）として日本人とスイス人の老男性がいるのである。距離を置いて懐古的に「台風」について語れるので安全ではあるのだが。信州とスイスの共通点は海に隣接していない山国であろうか。日本ではダメージを受けたが，スイスでは安全に取り扱えることを示唆していた。内なる分身としての女性性・アニマ（中年女性）がガイドとして仲介してくれるかもしれない。O'Kane氏が着目したのは，台風・ハリケーンといった制御不能な巨大なサイキックなエネルギーである。圧倒的な無意識のエネルギーに私自身が呑み込まれてしまう危険性（あるいは呑み込まれてしまった既往）を指摘した。夢は嘘をつけない。驚くべき慧眼である。こうして氏との教育分析が始まった。ただ入国したばかりのドタバタは進行中で，しかも12月には父親と帰国して，妻と生後2か月の息子を迎えて再度スイスへ再入国しなければならなかった。次の氏との教育分析は2003年年明けであった。文化や生活習慣の違いからくる異国での煩雑な手続き等は，日本人留学生の場合，教育分析家に尋ねるのが常であった。しかし，年末年始の休暇期間で，ユング研究所の事務スタッフも不在であり，氏ともコンタクトが取れなかった。相談できる相手がいないままドタバタは進行中で，上述の「クライシス」は更に亢進していくのである。

　ユングの「黒の書」ではないが，私はこの頃から夢の記録と同時に誘発され evoke, 賦活された activate イメージやアイディアを記録していった。後にあるユング派指導教官の一人から「辞書の丸読み」と揶揄されるのだが，

『イメージ・シンボル事典』や『神話・伝承事典』[18] を用いて自分なりに拡充していった。この作業が私にとっての「無意識との対決」であった。順次詳述していく。

　また，2002 年 12 月年末のこの時期のある夜に，ふと窓から裏庭の夜空を見上げると，四人の中世風の聖人が金色に輝きながら，祝福するかのように，練り歩くかのように東の空から西の空へ空中遊泳，遊行しているヴィジョン vision を目撃した（図０）。私にとっては一種の啓示であった。かつてユング派への転向のきっかけとなった大きな夢 big dream が当時の心的窮乏の文脈上で「啓示」として生じたことと同じ事態であった [19]。

　妻と息子をスイスに迎え同居しながらも，私自身は内的（心的）には孤独であった。孤独な内的（心的）作業がしばらく続くことになる。「私の黒の書」（ユングの「黒の書」をもじって）を見ていくと，「聖娼」との関連から「泉の馬」horasis が霊的啓示，生命の水であり，始源の水 arché であることに気づく [20]。女性との性行為で得られる女性の性的な体液であると同時に，命をはぐくむ羊水であり，男性性中心の魚座から女性性を尊重する水瓶座（アクエリアス Aquarius）への移行を暗示するものであった [21]。また，上述したパソコンのソフト（DVD）の情報がインターネットを介して流出することから，大事な文書やデータはパソコンに入力しないことを心に誓った。日本人留学生の中には，教育分析用の自身の夢の記録をプリントアウトして持参している人もいたが，私はこのやり方を踏襲しなかった。コピー機にもデータは残るので，コピーはせず，必ず手書きのデータを二部（自分用と分析家用）用意して，後の教育分析に持参するようにした。

18　アト・ド・フリース著（山下主一郎主幹，荒このみ他共訳）『イメージ・シンボル事典』大修館書店，1984

　　Walker, B.G. *The Woman's Encyclopedia of Myths and Secrets.* Harper & Row, Publisher, Inc., 1983　（山下主一郎主幹，青木義孝他共訳『神話・伝承事典』大修館書店，1988）

19　鈴木康広著『宗教と心理学』創元社，2011

20　註 18 と同じ。『神話・伝承事典』，p.652

21　C・G・ユング著，A・ヤッフェ編（氏原寛訳）『ユング―そのイメージとことば』誠信書房，1995, p.194 ボーリンゲンの石碑：泉の馬（図 181）：「飛び出る天馬―水運び人の奉献の―注ぎ」，後述

図 0

　確信はないが四聖人は，エノラ，ヨハネ，ルカ，テトラモルフかもしれな
いし，全く別かもしれない（ミカエル，ガブリエル，ラファエル，ファヌエ
ル？）。

　大晦日，実家のある故郷の詳細な俯瞰図を描く。自分のルーツをしっかり
と刻み込んでおく必要があったからであろう。明けて 2003 年元旦，快晴の
東の空を眺めると，飛行機雲が青いキャンバスに白い結界を刻んでいるよう
だった。

　白い結界が，雲の塊から複数の「白龍」へと変化し，小さい白龍は「帆船
の帆」のようになり風になびきながら，「凧」のごとく天と地の交信を始め
た。風になびきながら「光の天使」が現れ箱をもって届けてくれている。そ
れらは白い結界のなかで，黄色が中核の赤色の塊のヴィジョンになって変幻
自在に過ぎ去っていく（passing by）。次第に黄色のものは消褪し，赤色のも
のだけが残り，お多福顔のアマテラスになっていった。さまざまな従者を従
え変幻自在に姿を変えながら，最終的には太陽神としての姿を顕現したよう

だった。その時のヴィジョンを図1に記す。

　またアパートの南の窓からユング研究所の屋根と煙突が見えるのだが，同時期に，その方向から黒い雲が立ち上り，その黒雲が変幻自在にさまざまな魔物に変化していくのを目撃した（図2）。

　私の心的（内的）現実にとって，光と闇との攻防（福音書 v.s. 黙示録）では，まだまだ攻防は続いているのだが，最終的には光としてのアマテラスあるいはアポロ（音楽の神を含む：破壊神のディオニソスではなく）が勝利し，自身の恩寵（the grace of God）となることを予見させた。日陰者から日の当たる場所への転換であろうか。まさにユングの言うところ（「ヨブへの答え」[22]）から，"太陽 Sonne が夜と冬至を克服する" という神託を得たのである。

　自らのこころの闇を克服し，P-S position に基づいていたものがあったとはいえ，それまで感じていた憎悪や屈辱，悲しみを乗り越えるためには，憎しみには憎しみで応じるのではなく，太陽 Sonne で応じる太陽政策が必要であったのである。破壊神ディオニソスに破壊神ディオニソスで応じるのではない，ということである。

　マッチョなディオニソスに正面から力でぶつかっても潰し合いで消耗するだけである。ユーモアをもつ余裕があれば，トリックスター的に茶化して問題を解決することができるかもしれない。一種の離れ業であるが，試練によってそれをどう克服するかという際に有効であるかもしれない。

　次に浮かんできたのは，古代または中世風の石柱の林立する回廊である。ギリシャかエジプト風であろうか。ファリックな男性的な感じもあるが，緑色で穏やかな印象もあり，回廊として自身の進むべき道を示された感じも抱いた（図3，＃2，以下）。

　入口は作りが頑丈などっしりした宮殿であるが，私はその奥にある薄緑色の回廊を疾風の如く，くぐり抜けるのである。「やりたいことは，何でも全部やってみよう。そして，その責任は，全部，心のそこから，引き受けよう。

22　Ｃ・Ｇ・ユング著（林道義訳）『ヨブへの答え』みすず書房，1988

何事も，心配しないで，神の大きな愛を信じて進もう」（山川紘矢，インターネットからの引用）。その底に，どれだけの血と汗と涙，苦役があるのか。ようやく自分の道を歩み始めることができたのである。

2003年2月になって「私の黒の書」の拡充法[23]の作業は本格化する。

註21で言及した「泉の馬」に行き当たる。ユングが自身でボーリンゲンの別荘の石の壁に掘った図像に関する自身の解説である（註21の本を参照のこと）。図像は石塊を動かす熊と雌牛の乳に手を伸ばす女性像で以下のように説明されている。「（熊は）荒々しいアルテミスの力とエネルギーのシンボル，大衆を動かす。“熊が石塊を動かす”は同時に，事を起こし始めるロシアないしはロシア的な熊」「わが体の内に担われし光の顕われんことを」「女は明らかに，何千年前の先祖の姿をとった私のアニマを意味します」水瓶座の時代，天馬宮の下（女性的なものに特別な意味が付与される）。「飛び出る天馬─水運び人の奉献の─注ぎ」と記している。

ユング自身は全体主義と共産主義には反対だったが，ロシア革命のことを念頭に置いているであろう。個人的な人知を超えたところで集合的なエネルギーや集合的無意識としての時代の流れを記しているのではなかろうか。キリスト誕生以来の男性性中心の殺戮と闘争，闘いの二千年である双魚宮 Pisces の時代が終わって，和解と赦しの女性性中心の水瓶座（宝瓶宮，Aquarius）への移行を高らかに謳い上げているのかもしれない。天馬（Pegasus ペガソス）の語源であるペーゲーは泉であり，ペガソは湧き出るを意味する。

ペガソスは神にふさわしい神性とともに，神の霊感をも表した。彼に乗った人間（peg on）は偉大な詩人となった。ペガソスの三日月形のひずめは地面を踏み蹴って，ミューズたちの住んでいるヘリコン山にある詩的霊感の泉，Hippocrene（「馬の泉」）を掘った。これは一種の不死性を示すものであった。ペガソスの乗り手は，象徴的な意味で，「空を飛び，天界に到達する」ことができた。

（註18：『神話・伝承事典』，p.620）

---

23 類似のイメージを参照しながら，イメージの理解を膨らませてゆく方法。

ここには性的なニュアンスも含まれるであろう。「泉の馬」は始源の水（アルケー）として人々を育み，命の水として人々を滋養し，性的な霊的啓示 horasis として人々を鼓舞し結びつけるのであろう。こうした和解と赦しの女性性のテーマは，私自身の男性性・ディオニソス性とどう折り合いをつけるか，自身の心の闇とどう折り合うのかという点で，大変重要なことであった。

　また，同じくボーリンゲンの庭の木の下の石柱に，目の形に刻まれたピュピラ（瞳孔）のなかに小人ホムンクルスが刻まれている。ユング曰く，「時は子どもである——子どものように遊んでいる——遊戯盤で遊んでいる——子どもの王国。これがテレスフォルス。この宇宙の暗い領域を歩き通し，深みから星のように輝く。彼は太陽の門と夢の国に至る道を示す」（註 21, p.198）。ユング派では小人ホムンクルスは自己（Self）として捉えられるが，自身の新しい可能性が，瞳の中，自分自身の中に小宇宙 microcosm として宿っている，ということであろう。そこには遊びがなければならない。遊んでこそ，自由に自発的に柔軟になれるのである[24]。ここに私は自身の進むべき道，折り合いをつける方法を見出した思いがした。

　遊べる，「移行空間」「移行対象」の手段としての，自由描画や箱庭療法の方法としての有効性である。手段や方法は見つけても，その中身である心の闇との格闘はまだまだこれからのことなのである。そうした中で「私の黒の書」は以下の「双子 Twins」（註 18：『神話・伝承事典』, p.807）の記述に出会う。

　　すべての神話には，<u>太母から生まれた光と闇の双子</u>の話を見出すことができる。ゾロアスター教のように，<u>悪の原理と善の原理を対比させる二元論</u>の宗教はすべて，まず，始源の子宮から生まれた子供として擬人化されたこの二つの原理を前提としなければならなかった。それ故，中世の異端者たちは次のように主張した。「<u>神と悪魔は双子の兄弟であった。なぜなら，もし神に暗黒面を表す双子がいなければ，神はこの世にはびこる悪の責任をとらなければならないだろうから</u>」

　　　　　　　　　　　　　　　　　　　　　　　（下線は引用者による）

24　Dora M. Kalff の言う「自由で保護された空間」の自由も，Winnicott, D.W. の指摘する「遊び」も，この意味であろう（Winnicott, 1971/2005）。

#1   1. Jan. 2003

図1

図2

　個性化プロセスとユング派教育分析の実際

図3

心の闇は単なる闇，悪ではなく，その裏腹である光とも結びついたものである。単純に悪や闇を外部に排除したり，外部に投影したりするのではなく，自身の内なる悪，闇としてまず直視することから始めなければならない。また，攻撃性や闘争心といった男性性は，自己主張したり，プレゼンテーションしたり，物事を推進したり，物事を分析して取捨選択する（不必要なものを捨てる）際には，それらの原動力としてプラスの意味をもつ。女性性が「繋ぐ，結び付ける，包む」とすれば，男性性は「切る，分析する」であろうが，切ったり，分析したりすることが必要な場面も多々あるのである。

心の闇との折り合いは，単に闇を克服して光に到ろうとするものではなく，そもそも光も闇も含んだ「存在そのもの（太母）」から闇に苦しみながらも，そこに光の要素があることに気づいていくプロセスではなかろうか。0％闇で100％光を目指すのではなく，40％闇で60％光でいいかもしれず，上手くいけば20％闇で80％光になれるかもしれない。このことがユングの述べ

る「意識と無意識の対決は，闇を照らす光が闇によって理解されるばかりではなく，闇をも理解するという形でなされなければならない」[25]（下線は引用者）の真意であると私は考える。

　このようにして「私の黒の書」の拡充法の作業は周回 circumambulate していく。イメージの連想は蛇が卵に巻き付いた「世界卵」，「宵の明星」と続く。「世界卵」は上述の光も闇も含んだ「存在そのもの」の「太母」が生んだ，小人ホムンクルスとしての，子宮の中にある胎児を表すしるし（創造女神の神秘的シンボル，この女神の世界卵には胚の中に宇宙が含まれていた。註 18『イメージ・シンボル辞典』, p.220）であるかもしれない。また，こうした心の格闘の最中に，ある明け方，異様に明るい満月を目撃する。金星ではないのだが，私には「宵の明星」に感じられたのである。

　次の図4（＃3）は夢に基づくイメージである。チューリッヒの中央駅（SBB）前の場面なのだが，私がリマト川にかかった橋を渡ってセントラルにある赤いゲートの建物に向かう途中で，前職場の女性の臨床心理士と行き違うのである。ユング派の心理療法家としてのトレーニングの入門イニシエーションに際し，臨床心理士としての女性性がガイドとして私を導いてくれているのであろうか。

　次の図5（＃4）は私自身が牢獄の中のようにスイスのアパートに囚われている閉塞感を表している。窓からは美しい庭と花畑が眺められるが，部屋自体は狭い牢獄の囚人部屋である。当時イラク戦争の開戦間際で囚われているのであろうか。私はナースたちに世話されているのだろうか？ ここは病院のような牢獄なのか？ と自問している。自由がない，プライバシーがないと感じる苦しみが背景にある。

　図6は音楽を聴いて賦活 activate，誘発 evoke されたイメージ群である。原

25　C・G・ユング著（林道義訳）『ヨブへの答え』, みすず書房，1988, p.153

画はカラーだが，簡略化したスケッチの素描を載せている。それぞれのスケッチには聴いた音楽に基づき簡単な題名をつけた。左上から下へ，踊る婦人 Dancing Lady，山の目 Mountain Eye，白いベールをかぶった聖なる女性 St. White Veil などである。女性アーティストからのイメージでは婦人像や右中部の白ユリが生じたが，一方で「神の目」であったり「神聖な女性」であったりもした。真ん中の子を抱くイメージは，MISIA の曲名「包み込むように」そのままである。真ん中下部では，翼が龍や別の疾走する馬や龍に変容している。かなりのスピードで湧き出てきている。

図4

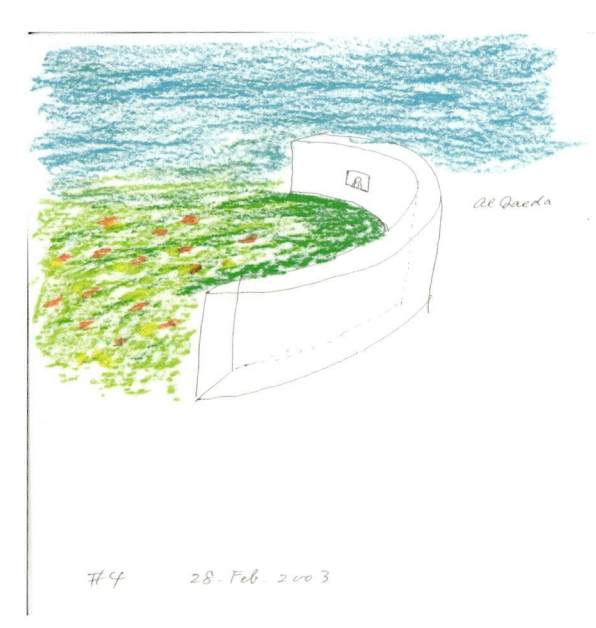

図5

#5　1. Mai 2003

図 6

図7（#6）はセリーヌ・ディオンのCD：“falling into you”を聞いてである。かなりこの時期はアクティブ・イマジネーションに浸りきって嵌っていた。無意識に呑み込まれると同時にその「自律性」が高まっていた。リスクであると同時に創造性でもある。しばらくその流れに身を委ねることにした。螺旋状の渦は立体性をもって迫ってきている。それに呑み込まれるのか，自身が入り込んでいくのか。相手がfalling into meなのか，自分がfalling into youなのか。境界がかなり怪しい。セクシャルなニュアンスもある。

　図8（#7）は，白い蝶，聖なる青色のものSt. Blue, 白い鷹と白い梟（動と静），日光の花火が哲学者の顔に変容，トーチ状のポンプの林立群，とタイトルをつけたスケッチ群である。
　青色・藍色のものには神聖性があると感じた。動と静である，鷹には生命力を，梟には安定性と知恵を感じた。日光の残光が，花火のような残像を生じさせたのだが，改めて私には視覚的なヴィジョンに親和性が高いことが分かる。聴覚よりも視覚が敏感なのは，「微分回路優位のS親和型」（中井久夫）[26]の特性なのであろうか。
　林立するポンプ群にはファリックなニュアンスもあるに違いない。

26　中井久夫著『分裂病と人類』東京大学出版会，1982/2013

図9は漆黒の砂漠の暗闇に佇む一匹の駱駝である。まさに私の置かれた心的状況そのものの心象風景であると言えよう。

　図10（＃8）は，R&B系の音楽によって誘発された。伸びやかさがある。

#6 3. Mar. 2003 falling into you

図7

#7 4.&5. Mar. 2003

図8

3. mar. 2003   Camel in the darkness

図9

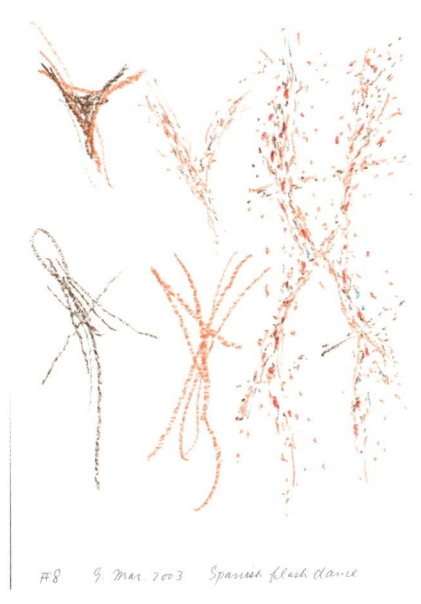

#8   9. mar. 2003   Spanish flash dance

図10

図11（＃9）生命の基礎である二重螺旋構造の光のヴィジョンである。生命の基本構造に迫ろうとする内的衝動に突き動かされていた感じである。同時に二匹の蛇または龍の螺旋状の永遠の絡み合いでもあろうか。カルマ（業）であるかもしれない。

　図12（#10）高速で疾走するメリーゴーランドを下から眺めている。かなりの圧倒的な無意識のエネルギーに乗っているとも，身を委ねているとも言えよう。リスクとも裏腹である。ノリノリな時ほど危険であると言えよう。軽躁状態を快調と誤解するのと同じことである。

図13（#11）はキャロル・キングのCD：「タペストリー」から浮かんだイメージである。空の黒雲の合間に織り成す緑色のタペストリーである。一条の希望のタペストリーであるかもしれない。

　図14（#12）は虹色に輝く湧き出る泉の水の曼荼羅である。渦巻くというより中心から大量に湧き出るという感じである。「中心化」のテーマ，すなわち個性化のプロセスを歩んでいる傍証であるかもしれない。

#9　9. Mar. 2003　Life (double helix)

図 11

#10　9. Mar. 2003　merry-go-rounds

図 12

　個性化プロセスとユング派教育分析の実際

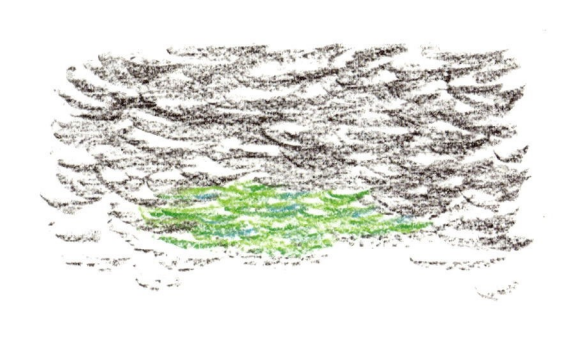

#11 9. Mar. 2003 green loom (Tapestry)

図13

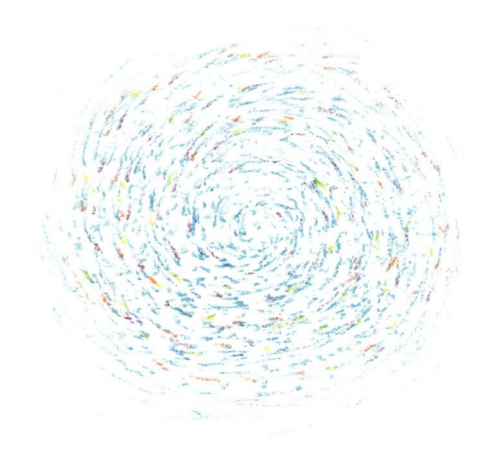

#12 9. Mar 2003 shining rainbow spring mandala (well)

図14

図 15（#12'）はキース・ジャレットを聞いて幾何学的なイメージが浮かんだ。時として，抽象的・幾何学的イメージが浮かぶ。情緒的なものを何かに置き換えようとする試みなのであろうか？　動きとしては，下へ落ちながらも再度戻ってきている。しなやかな回復力 resilience の表現かもしれない。幾何学的認識については後述する。

　図 16（#13）はスケッチの素描である。容れ物 container としてのカップと魚，三大テノールの一人パヴァロッティや指揮者カルロス・クライバーの大きな存在の男の影，湧き出でるインスピレーションと性欲（精液）としての泉，などである。

図 17（#14）はスケッチの素描である。階段，闘鶏，漂う抽象物，輝き炸裂する流れ星などである。階段は次のステップへ上るのに必要であろう。闘鶏はクライバー指揮のベートーベン交響曲から浮かんだ。立ち向かう闘争心 fighting spirit を鼓舞するものかもしれない。

　図 18（#14'）は流れ星（spark, shooting stars）の前のスケッチ（図 17 下部）の拡大（原画に近い）である。流れる一方で，留まり光る黄橙色の星あり。動と静の対比。流れているのは私の涙かもしれないが，少なくとも絶望の涙ではない。暖かいものに見守られている安定感はある。疾走するエネルギーと留まるエネルギー，その鬩ぎ合いの狭間にある。

#12'　9. Mar. 2003　collapse in a geometrial progression

図15

spring out

#13　11. Mar. 2003

図16

図 17

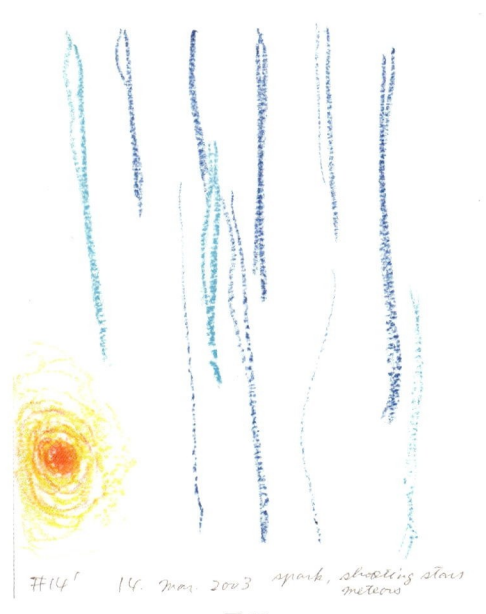

図 18

図19（#15）の鐘・リングはナタリー・コールからのスケッチである。

　図20（#16）聖なる石（ベンゼン環のような）のイメージである。聖なるもの（ヌミノース）という印象がある。真ん中の窓に引き込まれるような「中心化」のシンボルかもしれない。

図 21（#17）紫の火は「変容の火」かもしれない。R&B の黒人アーティストの「黒さ」が黒化 nigredo として私に迫ってきている。中心には赤やオレンジ色の火があり，情念として秘めている。赤化 rubedo としての赤かもしれない [27]。

図 22（#18）は赤いドレスを着た黒人婦人であり，私のアニマであろう。虐げられ迫害される黒人に同一化し，しかし情念・情熱としての命，攻撃性，血，愛としての赤色は失わない，原初的な女性性アニマなのである。黒と赤のコントラストが際立っている。インドの残虐な黒色の太母神カリ Kari と「火星」でもある戦闘の男性神マース Mars と拡充できるかもしれないし，黒化 nigredo と赤化 rubedo の具現化であるかもしれない。荘厳たる黄色の石柱群の宮殿の回廊を進んでいる。私にとっての原動力であろう。

27　黒化／赤化：錬金術の作業 opus の用語であり，ユングによると黒化，白化，赤化のプロセスを辿る。以下を参照のこと。
　「錬金術に投影されているドラマは，宇宙的かつ精神的なドラマであり，それを実験の用語で再現している。大いなる作業 opus magnum には二つの目的がある。人間の魂の救出と，世界の救済である。……この仕事は困難で障害もあちこちにある。錬金術の作業 opus は危険である。まず最初に，「龍」と出会う。これは地下の霊，「悪魔」であり，あるいは錬金術師が呼ぶように，「黒さ」，黒化 nigredo であり，これとの出会いは苦痛をもたらす。……錬金術師の用語では，物質の苦しみは，黒化が終わるまで続き，「夜明け」（aurora）を告げるのは「孔雀の尾」（cauda pavonis）であり，そうして新たな一日が，白化 leukosis or albedo が，始まる。しかし，この「白色」状態では，人は本当の意味では生きている live とは言えず，それは，一種の抽象的な，理念的な状態である。それが生きたものになるためには，それは「血」をもたねばらなず，錬金術師が赤化 rubedo と呼ぶもの，生命の「赤さ」をもたねばならない。存在の全体性を体験することによってのみ，白化の理念的な状態を，人間的な存在様式に変容させられる。血のみが意識の栄光ある状態をよみがえらせ，黒の最後の痕跡すら消失して，悪魔はもはや自律的な存在ではなく，再結合して心の深淵なる統一が達成される。かくして，大いなる作業が完了する。人間の魂が完全に統合されるのである。」（E・F・エディンガー著（岸本寛史，山愛美訳）『心の解剖学—錬金術的セラピー原論』新曜社，2004，p.179 ／ Jung, C.G. *C.G. Jung Speaking*, Princeton University Press, 1977, p.228）

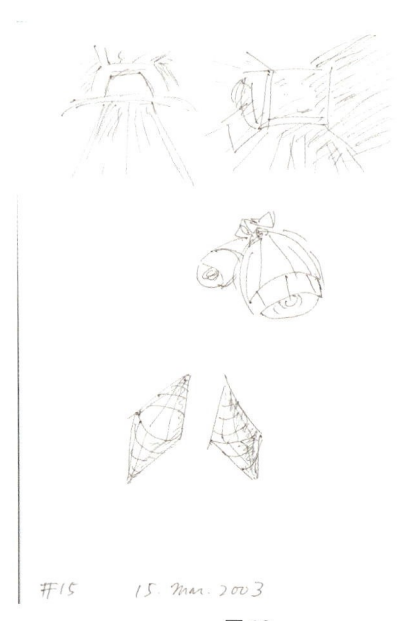

#15   15. Mar. 2003

図19

#16   16~17 Mar. 2003

図20

#17   18. Mar. 2003   purple fire

図 21

#18   18. Mar. 2003   a red dressed up
                      black Lady

図 22

図 23（#19）は肩幅広げる男性像と祈りをささげる女性像のスケッチである。

　図 24（#20）は聖なる後光（アウラ）のようなものが溢れ出ているイメージである。セクシャルでもあり，新しい生命の誕生のようでもある。薄水色 pale blue に「聖母マリア」を，黄色に光をイメージする。原初的な何かが，衝動的に，自身の中から生まれ出よう，溢れ出ようとしているのであろうか。

図25（#21）は明るく光り揺れる UFO である。黒人ジャズや R&B のノリに誘発され，黒人の虐げられ迫害されている立場に共鳴・共振しているのかもしれない。ユングの指摘する「空飛ぶ円盤」[28] 同様，投影された集団幻視ならぬ私個人の内面が投影されたヴィジョンであろう。異国において見知らぬ外国人（異邦人）として異質な存在でしかない自身を映し出しているのかもしれない。

　図26（#22）は私にとっての「ヴィーナス誕生，百合の花婦人」（セリーヌ・ディオン）である。内なるアニマ像であると同時に恋い焦がれる仮想現実であった。この心的現実・内的現実に外的現実が呑み込まれかける状況がしばらく続くことになる。

28　C・G・ユング著（松代洋一訳）『空飛ぶ円盤』ちくま学芸文庫，1993

#19 19. Mar. 2003

図 23

#20 19. Mar. 2003 St. Aura

図 24

#21 19. Mar. 2003 bright shaking UFO

図 25

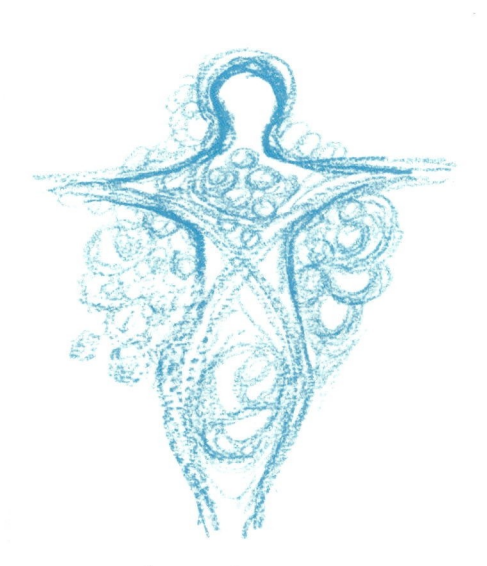

#22. 20 Mar. 2003

図 26

図 27（#23）は湧き上がり溢れ出るコラム column（柱），エネルギーの流れのスケッチである。ファリックな柱がまとまって固まり女性の髪形のように変容している。

　図 28（#24）は鯨，紫の百合，猫の顔と題されたスケッチである。セクシャルなファンタジーやエネルギーは自我肥大して巨大なものになりつつある。黒人のナタリー・コールには紫色を誘発されることが多い。虐げられ迫害されているからこそ「変容」できるのであろうか（紫色は赤色と青色の混ざった色で，変容を意味する）。この春分の日の前後に，キュスナハトからウスター Uster ヘアパートを転居した。しかし転居してもしんどさは続いていた。

図 29（#25）はセリーヌ・ディオンから誘発されている。「聖なる石」は歴史が凝集したものでありヌミノースなものであった。「顔」の表情のヴィジョンもあるが，これは次のイースター・エッグ（図 30）の表面にも刻まれている。復活祭 Easter はキリストの復活であるが，春の到来，命の復活を祝うものである。私にとっても長く厳しい冬は終わり春が訪れようとしているのであろうか。

　図 30（#25'）イースター・エッグの顔。

#23　22. Mar. 2003

図 27

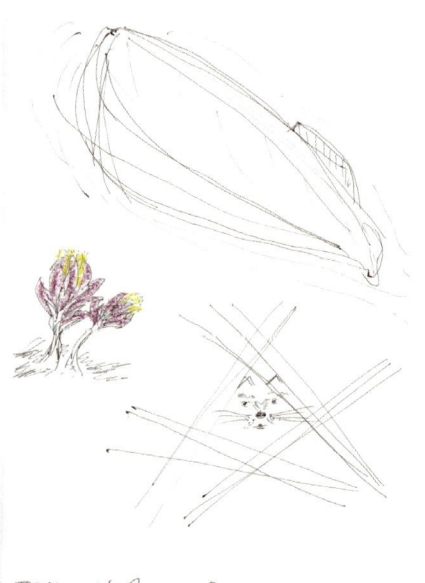

#24　24. Mar. 2003

図 28

図 29

図 30

図31（#26）私はセリーヌと前世のエジプトで縁があったのであろうか，というファンタジーである。なぜエジプトなのか。ヨーロッパとアジアの間の中近東地域であるからなのか。無意識を掘り下げていくと，通常の理屈を超えたイメージが出て来るものである。時空を超えたイメージの探索は，未だ未解決のままである。

図32（#27）はスケッチである。サイキックな，そしてセクシャルなエネルギーの放散と同時に，雲としてチャージしてもいる（エネルギーをためている）のかもしれない。

図33（#28）には十字架の古代エジプト版であるankh（Crux Ansata），紫色の蜘蛛の巣のような渦のような産道のような曼荼羅，二筋の青い稲妻とその間の舞い上がる赤い欠片の断片たち，といったイメージ群である。私にとってエジプトはキリスト教以前の太母（母なる大地のナイル河？）を連想させるのかもしれない。

　図34（#28'）は産道であり挿入経路であろう。エネルギーが疾走している。

図31

図32

図 33

図 34

図35（#28"）はアメジストの花である。アメジストは私の心を静めるパワーストーンであった。また変容の紫色でもある。

　図36（#29）はセリーヌ・ディオンの CD：“The color of my love” よりの素描。蔦，イルカたち，向かい合わせの魚など。愛と知性のイルカは疾走している。音楽の神アポロのシンボルである。向かい合わせの魚は交わると同時に Ichthys（キリストの隠語）[29] であるかもしれない。寓意的な交わりに隠された霊的啓示・神託（デルポイの神託の守護神ピュトンの別名はデルフィン：註 18,『イメージ・シンボル事典』pp.182-3）があるように感じられた。大変なのめり込みであった。

29　C・G・ユング著（小川捷之訳）『分析心理学』みすず書房，1976, p.182, 187：I-Ch-Th-y-s

図 37（#30）は CD：“falling into you” より。泳ぐ烏賊，輝く火星，羽ばたくコウノトリ stork dance，大きい精子 big semen，海辺のホテル sea side hotel のスケッチに加えて，荘厳な崖と上空には三つの光る玉のイメージが得られた。イエスは崖から突き落とされそうになった（ルカ 4. 29）ことからも「生命の尊厳」を連想した。生贄にされる sacrifice ことが突きつけられている感じであった。イエスと自身を混同するのは大変な自我肥大であるが，迫害され生贄にされるという心情・心的現実においては，一理の真実があるように思われた。

　図 38（#31）は同じく CD：“falling into you” から。磔にされたイエス，世界卵からまさに誕生する瞬間，砂漠に一人佇む黄色いベールを纏った女性，砂漠に一人佇む黒いベールを纏った女性，白いベールの女性（姿形を隠すが故の神聖さ，聖母マリアの化身か？），アラビア風の花瓶，湧き出でる泉，オレンジ色の空，のスケッチ素描である。迫害されるが故の英雄像は一貫している。世界卵はついに孵化したのである。砂漠に一人佇む孤独も一貫している。黄色人種としての黄色なのか，直観 intuition としての黄色なのか。ただの黄色ではなく，黒人としての差別・偏見・迫害を受けると同時に，全ての色を引き受けての黒色と黒化 nigredo としての黒色もあるかもしれない。男性性よりは内なるアニマとしての女性性がガイドになりそうだ。

#28 ''

図 35

#29 2. Apr. 2003

図 36

図37

図38

図39（#32）はセリーヌ・ディオンの CD：“Let's talk about love" より。紫の階段の生命の樹，尖った塔，蜂の巣，茶色の洞窟である。図40（#32'）の緑の丘の下には洞窟がある。図41（#32"）の窓（窓枠）には四つの黄色い精霊が漂っている。

図40（#32'）イエスは夜（＝洞窟）に生まれ，そのあと（エジプトへ）夜の間に逃避する。モーゼと同じ道を辿ってエジプトから帰還した（出エジプト 4, 20）。丘の下に洞窟があるかどうかは，一見して分からない。豊かな鉱脈を掘り下げて掘り当てた者のみが，その洞窟の存在を知るのである。イエスにとってエジプトは何だったのか？　モーゼと同じ道を歩むのは，カルマなのであろうか，導きであるのか。人は知らず知らず先人の通った道を同じように歩むことになるのだろうか。

図41（#32''）Dr. O'Kane にこの四つの精霊は窓あるいは窓枠のどの位置にいるのかを尋ねられる。私が家の内部ではないと答えると，即座に敷居 threshold にいると断じた。所詮セリーヌは行きずりの一時的な存在であることを直面化されたのである。

　図42（#33）は音楽ではなく，夢で見た，美しいという漢字のイメージだが，白川静によると「（象形）羊の全形，下部の大は，羊が子を生むときのさまを牽というときの大と同じく，羊の後脚を含む下体の形」「（説文）に（甘きなり）と訓し，（羊大に従う。羊は六畜に在りて，主として膳に給するものなり。美は善と同意なり）とあり，羊肉の甘美なる意とするが，美とは犠牲としての羊牲をほめる語である。善は羊神判における勝利者を善しとする意。義は犠牲としての羊の甘美なるものをいう。これらはすべて神事に関していうものであり，美も日常食膳のことをいうものではない」[30]。私の妻の名の一字が「美」なのでこの真意に慄然とすると同時に，仮想ではなく妻という具体的なリアリティに立ち返ってきたカイロス（転回点）でもあった。

30　白川静著『字通』平凡社，1996, p.1325

#32　6. Apr. 2003

図 39

#32'　a cave under the hill

図 40

#32" window has four spirits (threshold)

図41

#33.   9. Mar. 2003

図42

図43（#34）は，十字型の塔 cross tower, 机の隅の上にある小さな星，十字架の大きな影である。黒い大きな十字架の影には古代エジプトのオシリス神話 Osiris religion を連想した。オシリスはイシス・ホルスと絡むエジプトの古代信仰・神話であるが，ankh 同様キリスト教以前の原初的なイメージである。黒化 nigredo としての黒であると同時に十字型の塔の色彩に変容する「春の到来」を感じさせるものかもしれない[31]。（十字型の塔は男根で，切り刻む黒い「死」と男根としての色彩豊かな「再生」の神話。後者の色彩豊かな十字型の塔は，机の星の位置で，粘土で作った新たな男根であろうか？）[32]

　図44（#35）は夢のイメージである。庭の私の眼前を看護師服のセリーヌと別の男性が横切っている。庭の奥には立派な建物があり，その裏の丘の階段を誰かが降りてきている。仮想のセリーヌは看護，ケア，心慰めるものであり，眼前を通り過ぎるものであり，きちんと直面するものではない。ただその先には立派な建物としての目的地・成果があり，階段を降りる人のように地に足の着いた grounded ものを目指しているのであろう。

31　Jung, C.G. *Mysterium Coniunctionis* (CW14), Princeton University Press, 1970, p.177: Osiris enters into Selene, and this is evidently equivalent to the synodos in the spring. オシリスはセレネのなかに入るとされるが，これは明らかに春の合（ごう）と同じことを意味している。「こうしてオシリスの力は月の中に置かれる」。（中略）これを心理素としていえば，無意識は意識を孕み，これを産むということである。：Ｃ・Ｇ・ユング著（池田紘一訳）『結合の神秘Ⅰ』人文書院，1995, p.226（下線は引用者による）

32　註18と同じ（『神話・伝承事典』），p.367：" イシスは救世主オシリスを呑み込んで，彼を生き返らせた。オシリスは，幼児ホルス，あるいは，勃起した男根をもつ月－神ミンまたはメヌ（「母親をみごもらせる者」）の姿で復活させられた。毎年，オンリスはその身体をばらばらに切りきざまれ，次にその断片が集められて元通りの身体に復元されたが，男根だけは見つからなかった。イシスは，オシリスのために粘土で新たな男根を作り，その男根に，ということはオシリスに，生命と死の双方を付与する者である自分の名を唱えることによって，生命を授けたのであった。（中略）すると，オシリスは立ち上がり，命を得て，女神と交わり，かくして，生命は途切れることなく続いたのだった。オシリス－ミンとそっくりの存在だったアドニスも，プリアポスの姿となって再び女神から生まれ，やはりオシリスと同じように，春の洪水に関連づけられていた。" ここでは「再生」がナイル河の「春の洪水」として関連づけられている。

図 45（#36）はキース・ジャレットの CD より。三つそして二つの魂・精霊，大きな幾何学的な鳥，黄色いアストラル astral 体の蝶が石の地蔵から湧き出る，蓮から誕生，もう一つの輝くオシリス，白い花（感謝）のイメージの素描である。キースからはいつも伸びやかな，しなやかさを感じる。蓮の花から Kali を連想する[33]。拡充法でイメージをふくらませていくと，Kali は両性具有を思わせる原初の創造女神で，魔法の花（女陰を表す蓮 lotus）によって，最初の人間たちを受胎し人類を生んだ。蝶やオシリスと併せて，「再生」のイメージが繰り返されている。

　図 46（#37）はクライバー指揮ニューイヤーコンサート，オスカー・ピーターソン，渡辺貞夫より。三つの魂，精霊や虹の四色に，オシリス，イシス，ホルスまたは神と子と聖霊に聖母マリアを連想している。石碑には神聖なことが刻まれているようだ。干し魚は更に風味を深めている。

33　バーバラ・ウォーカー著（山下主一郎主幹，青木義孝他訳）『神話・伝承事典』大修館書店，1988, p.403

#34　11. Mar. 2003

図43

#35　11. Mar. 2003

図44

図 45

図 46

図 47（#38），図 48（#38'）はセリーヌの CD："There Are Special Times"
より。泉 fountain，天井 ceiling，輝く復活祭の卵 shining Easter Egg，水辺
waterside, 黒いベールをかぶった聖なる女性St. black veilなどの素描である。
最後の顔のはっきりしない黒色の髪の女性は，大地としての Kari，Devi，歌
姫としての女神 diva であるかもしれない。このイメージが図 48 の洞窟の下
の家族の円柱 family columns に連なっていく。黒髪のようであり，火山のよ
うでもあり，地下に繋がる原始的なもののようである。最後の曲は音楽一家
であるディオン家族が全員で合唱しているのだが，それに刺激されたもので
ある。

図 49（#39）はセリーヌより。セクシャルなスケッチもある。

図 50（#40）はセリーヌの CD："The Color of My Love" より。双子の仏像 twin statures，青いブーメラン，銀河鉄道 the Milky Way train，白いベールをかぶった女性 St. white veil woman，大きなバルーン big balloon，空とオレンジ色のグラス a sky & an orange glass のスケッチである。

#38 2. Apr 2003

図47

#38'

図48

#39　27. Apr 2003

図49

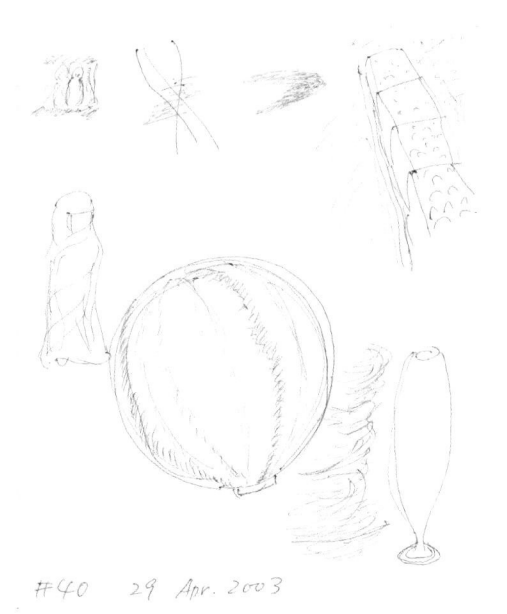

#40　29 Apr. 2003

図50

図51（#41）はセリーヌの CD："plamondon" より。二つの指輪 two rings, 旗 flags, 輝く星 shining star などのスケッチである。

図52（#42）は CD："falling into you" より。花の列, 松果体, 歪む鋼 warp springs (steel), 明るい黄色の層, タフな驢馬の尻, 宇宙の中の黄色いリング, 黄色いチューリップのスケッチである。

図 53（#43），図 54（#43'）は CD："All the way…" より。黒い塊が鯉に変容し，ドラゴン（龍）に変容している。立方体状のもの cube が二対の象に変容し，十字 cross が現れている。龍や象は，レヴィアタン（マカラ）やべヘモトの変形であり，膀胱や会陰など下位のチャクラの動物象徴[34] である。水や大地の要素でもあり，性的ファンタジーとともにこうした原初的な無意識が刺激され活性化されたとも言えよう。クンダリーニ・ヨガのナディ（気道）には，プネウマ pneuma（後述）や気に似たプラーナとよばれるエネルギーが流れている[34]。

34　C・A・マイヤー著（河合隼雄監修，氏原寛訳）『ユング心理学概説 3　意識』創元社，1996, 口絵及び pp.76-83
　　湯浅泰雄著『身体の宇宙性』岩波書店，1994, p.246

#41   30. Apr. 2003

図 51

#42   8 May 2003

図 52

#43　6 May 2003

図 53

#43'

図 54

図55(#44)はサイモンとガーファンクル他より。上下対の三叉 twin three-prongs, 赤色の仔馬 red baby horse, 螺旋の混沌から現れた龍, 黒い花嫁, 裂け目, タンクトップのラテン系の女性などの素描である。セクシャルな混沌の中から, 赤い仔馬や龍の誕生がある。

　この頃, こうしたアクティブ・イマジネーションの渦中にあって, 湯浅泰雄の著作などから, インスピレーションが「霊気 pneuma」に近いものではないかと感じた[35,36]。

　「霊気 pneuma」は「心魂 psyche と物質 soma」の中に「種子」として「蒔かれ, 成長するもの」あるいはそれらと共に「形成され, 教育され」るべき「乳児」なのである。(中略) 神の「観想」テオーリアとは, 主の霊と融合することによって, われわれの「心魂 psyche」が Logos/Holy Ghost と結ばれ「霊気 pneuma」に変化していくことである。(中略) ここに霊的認識(グノーシス[35]ないしテオーリア) に即して, キリストと一般の人間は同じ心的本質をもつ霊肉の一致が示される。またこれは仏教でいえば「仏性」と換言できる。(中略)

　仏性は, 如来蔵 Tathāgatagarbha つまり如来となるべき種子がすべての人間に蔵されているという意である。「蔵」の原語ガルバは胎児, 子宮, 母胎で潜在的可能性を意味する。仏性は人間性の中にある霊的で永遠な本性を示しているが, その本性はふつうは単なる可能性として「無明」avidyā, 肉体にそなわった「煩悩」klesha の底に眠っている。この無明の闇をこえる手段が瞑想修行を通して得られる悟りの智恵「慧」jñāna であり, 霊的認識としてのグノーシスに類似する。(中略) 霊的認識としての智恵 (グノーシス) と観想瞑想 (テオーリア) による「慧」のみが魂の真の救済をもたらす。(中略) 智恵 (グノーシス) は sophia として女性化され, 大乗仏教では般若波羅蜜の般若 (智恵) は母であり, それは世界の万物を生み出す。これらは個性化における太母の導きを示している。[36]

（脚注番号は引用者による）

　音楽で誘発されたアクティブ・イマジネーションが自律的に「霊気 pneuma」として変幻自在に, 水銀のようにメルクリウス[37]のように, 私のこ

35　鈴木康広著『宗教と心理学』創元社, 2011, pp.42-54
36　湯浅泰雄著『ユングとキリスト教』講談社学術文庫, 1996, pp.220-228
37　メリクリウスは, 錬金術の黒化－白化－赤化の三段階の工程の最後に, 自然界を構成

ころ psyche と肉体身体 soma のあいだの見えないからだ及びイメージとしてのからだのごとき霊妙な一種独特の霊的物質 psychoid 領域を精妙体（サトルボディ）として駆け巡り、「無明」や「煩悩」を刺激しながらそこを突き抜けて，潜在可能性としての「集合的無意識」にある「同じ心的本質・仏性」を表現しようとしているのかもしれない。個人のコンプレックスといった「無意識」を突き抜け，より掘り下げて，人類普遍的な「集合的無意識」の元型的なイメージを模索するプロセスの一つであると言えるかもしれない。

　極めて私的な「私というフィルター」を通して，その一抹の真理・窓を通して，どう世界が見えるのか？　私という小宇宙 microcosm から，どう大宇宙 macrocosm が見えるのか？　所詮，私からという切り口，切り取り方からしか見えない断片的なものなのか？　全体像ではないのか？　何をもって「全体像」とするのか？　私という小宇宙から外に向かって望遠鏡を覗くのではなく，内に向かって掘り下げていけば，豊かな共通の水脈・鉱脈に着き到るのではないか。その意味での大宇宙なのである。こうした自己内対話の模索のプロセスでもある。

　図 56（#45）は CD："Side by Side"（Oscar Peterson & I. Perlman）や Stevie Wonder より。四角形 quad，明るい四葉のクローバー bright clover，壊れた三連指輪 broken three layer ring, 明るく輝く球を奈良の押熊の古い寺から運んでいるイメージなどのスケッチである。

　図 57（#46）は CD："The Colour of My Love" より。火のような赤色 Fire，尻尾のない赤色の竜の頭 the head of a red dragon without the tail，梟 owl，新しい指輪 new ring などのスケッチである。セリーヌによって新しい指輪が用意されているのであろうか。そこには十字架としての生贄と梟の知恵が必要であるようだ。

　新しい指輪は「復活・再生」のシンボルかもしれない。復活祭 Easter は昔

する四元素のもとになる第一質料，あるいは第五元素として取り出される。湯浅泰雄著『身体の宇宙性』岩波書店，2012, p.281

#44　6 May 2003

図 55

#45　11 May 2003

図 56

図 57

の異教的な冬至の儀式に重ね合せて作られた，再生が繰り返されるという約束である。つらい冬の後には必ず春が訪れる。また，その起源と思われる「出エジプト記」の過ぎ越しの祝いは，紅海横断という試練を再体験しながらその無事を祝う，出立という自我 ego に伴う「エジプト記」という集合的な意識・無意識の行動化の物語・記録であるかもしれない。『イメージ・シンボル事典』によると（註 18，p.205），

　「エジプト脱出」とは精神の「約束の地」Promised Land に赴くために，肉欲と物欲の生活をやめて，紅海を渡り，「荒野」（＝精神性を高める砂漠）を通り抜けていくことであり，<u>より高次の，超越した状態へ移行</u>することを表す。

（下線部は引用者による）

　肉欲と物欲の「世界」である「エジプト」からの解放は，精神性を高める試練を通して，魂が本来もつところの本当の意味を悟り，思い出し想起する。「より高次の超越した状態への魂の回帰」といった移行なのである。

湯浅によると [38], ギリシャの古代哲学は, 哲学者と心理学者の共同作業のような心理療法的性格, 宗教性という実践的性格をもっている。ユング研究所はプラトンが哲学を説いたアカデミアの園 Academy に近いとされる。学派の違いでいえば, フロイト派は不安の除去を説くエピクロス派に近く, アドラーや実存分析はストア派に近い。プラトンは理想郷イディア idea を想起し思い出し再び結びつくことを説いている。宗教性 religio はラテン語 relego（再び集める・結びつける）から来ており, プラトンのイディアの「想起」（アナムネシス）は, ピタゴラス派の輪廻転生 reincarnation の思想に基づいてこの議論をしている。人間は生まれついたとき, すでに魂の故郷であるイディア界のことを忘れて生まれてくる。それを思い出す（想起する）のが「魂について考えること」（『パイドン』プラトン）なのである。

　意識と無意識の間でくりひろげられるドラマは, 無意識を意識化するというプロセスで, 無意識という闇に棲む怪物（レヴィアタン・マカラ, ベヘモト：本書 p.77 および p.79 図 53, 図 54 を参照。前者は龍および怪魚であり, 後者は象の変形である）を, 意識という光を当てることにより, 克服していくものである。その克服の内なる闘いは, 死と再生であり, 意識と無意識の鬩ぎ合いの変容のドラマである。

　深層の無意識に埋もれている, 自身の仏性および神性すなわち潜在可能性である魂の働きと,（意識化することによって）意識が再び結びつけられることが, 宗教性 relego の体験である。宗教性とは宗教ではなくて, 内省的瞑想体験（湯浅泰雄著『身体の宇宙』, pp.249-265）の心理を意味する。

　セリーヌの音楽から「エジプト」のイメージが賦活されるのは, 肉欲と物欲の「世界」をくぐり抜けて, 私自身の無意識に向かい合いながらそれ自身の潜在可能性に目覚め, 本来の「自己」（Self）といった元型としての集合的無意識のもつ意味を探って行こうとするプロセスであるからではあるまいか。新しい意味の獲得, 気づき, 洞察, そして新しい本来の「自己」の獲得という, 古い自分からの「再生」なのである。

38　湯浅泰雄著『身体の宇宙性』岩波書店, 1994, pp.225-268, 学派の違いについては, エレンベルガー著（木村敏・中井久夫監訳）『無意識の発見　上』弘文堂, 1980, p.44 も参照。

「より高次の超越した状態への魂の回帰」も「イディアの想起」も上述したグノーシスも同じことを意味するであろう（本書 p.80）。スイスのユング研究所というアカデミアで，アクティブ・イマジネーションを通して，「意識と無意識の間でくりひろげられるドラマ」にどっぷり浸りながら，「神性」「仏性」に触れようとする，「宗教性の体験」の試みなのである。

また湯浅によると（註 36,『ユングとキリスト教』p.255），

　　歴史的にふり返ると，グノーシス思想が栄えたエジプトには，もともと善悪二神を兄弟関係におく有名なオシリス神話の伝統があった。この神話では，兄の悪神セト Seth が善神である弟のオシリス Osiris を殺して，その死体をナイル河に投げこむ。オシリスの妹でありまた妻である女神イシス Isis は，夫のバラバラの死体を集めて死からよみがえらせる。こうして再生したオシリスとイシスの間から生まれる子がホルス Horus である。ホルスは「王」の権威と権力を象徴する鷹の神である。母神イシスは「母なるナイル」をあらわし，万物を死からよみがえらせる生命の力を象徴する。ユングはこの神話のより古い形を探索しているが，それはもっと単純な形である。紀元前 2300 年ごろのペピ一世時代（第六王朝）のピラミッド・テキストに双子神の讃歌がある。それによると善神ホルスと悪神セトは双子の兄弟であって，二人が協力して人間の魂を天国への階段にみちびくのである。また別のテキストでは，両者は光の神と闇の神として対抗する関係にある。ホルス（＝オシリス）とセトは相反する二つの力——光と闇，創世と破壊，秩序と混沌，再生と死，善と悪——を象徴している。ユングは，エジプト神話にあらわれたこの主題がグノーシス主義に影響したものと推定している。

神と悪魔が「双子」であることを述べた。また著者の前書『宗教と心理学』（創元社）でイランの宗教として，善と悪の源，グノーシス派の検討をした（註 35：『宗教と心理学』pp.42-55）。エジプトの ankh が十字架の原型であることも上述した。キリスト教はグノーシス派を異端として弾圧しながらも，お互いに思想的なアイディアとしては影響しあい混交しつつ，「エジプト神話の象徴」（光と闇，再生と死，善と悪など）を受け継いでいると思われる。私のイメージに「エジプト」が出てくるのも，より掘り下げたこうした無意識の「古層」が刺激されるが故かもしれない。「光と闇，善と悪」のテーマであり，「再生と死」のテーマなのである。私自身のクライシスといった「死」

ののちに，リカバリー（回復）といった「再生」のプロセスを，身をもって体験しているのである。

　光と闇，善と悪は，二元論的に完全に分け隔てられるものとは限らず，自身の心の中に内なる悪・闇として，そこには「猿人」も出現することに留意しなければならない。

　　私たちは自らの内に敵を見ることができないので隣人に敵を見出し，武器を引っ張り出して戦争を起こすのです。猿人の出現は，人間の本能的自然の解放，このように私たちはあらゆる種類の問題を抱えています。[39]

　　　　　　　　　　　　　　　　　（下線，脚注番号は引用者による）

　当時はイラク戦争を始めたブッシュ氏，現在はトランプ氏に当てはまる普遍的なテーマである。さらには我々自身の中にある内なるトランプ氏に留意しなければならない。

　図58（#47）は CD：“All the way…” より。裂け目 crack，　再生としてのイシス／オシリスと目 rebirth: Isis/Osiris(eye)，母胎 matrix，緑色の龍 green dragon，雷 thunder などのスケッチである。エジプトのイメージが現れている。目は神のものである。
　次の私の夢の中で，なんと私の妻が死亡する。
　しかし，これはシンボリックなもので，「再生」するために必要なプロセスだった。

　図59（#48）のスケッチ群に私は誠実あるいは真心 sincerity（faith）というタイトルを付けた。

39　C・G・ユング著（入江良平・細井直子訳）『夢分析 II』人文書院，2002, pp.448-449

#47　20 May 2003

図58

#48　24 May 2003

図59

図60(#49)は上部のスケッチ群(生命の樹 tree of life, コンコルド concord, 陽と陰による全体性 totality of Yang/Yin, 情熱的な裂け目 passionate crack)と下部は CD：“A Carnegie Christmas Concert” よりのスケッチ（収縮された翼 astringent wing, オスカー像 Oscar：図 43 の十字架の黒い像からの変容）である。

　この頃「朝の山に昇る太陽と生命象徴とディエド柱」（エジプト，クナのパピルス，第 18 王朝）と上述の黒い太母「Kari」に関心をもつ。（詳細は省略）

　図 61（#50）は CD：“mood indigo” より。ペニスや月の形やキスのセクシャルなスケッチ群としっかりした根をもった歯の素描である。

図62（#51）は黒色の茨の冠 black wed thorny crown，雷 thunders，動く宇宙の道 moving cosmos path などのスケッチであるが，「これは見世物なのか？」というタイトルが付けられ，かなり心理的に距離を置いて自身を突き放す視点が得られつつある。

　図63（#52）は私の実家の故郷にある山（刀母根山？）と，永遠かつ空の時計 clock of eternity (empty)，色とりどりの裂け目のある壁 wall with colorful cracks のスケッチである。
　山は「歯」のイメージ（図61）とも重なり，しっかり噛め bite the life というメッセージにも感じられた。

#49　29〜30 May 2003

図60

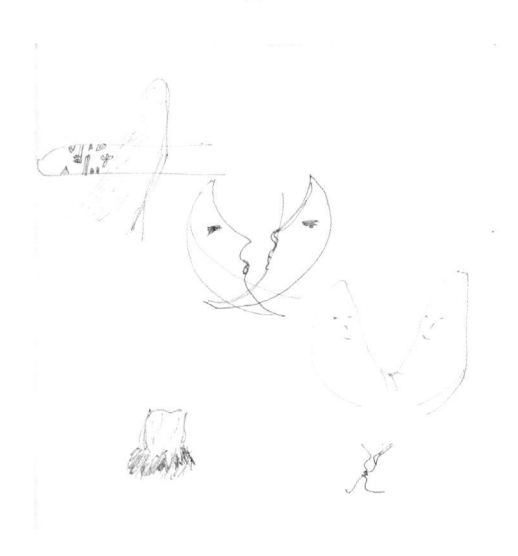

#50　31 May 2003

図61

#51 1 June 2003

図62

#52 2 June 2003

図63

図64（#53）はベートーベンのCD：“Triple Concerto”より。西大寺の節分の豆まき行事，ロケット発射，ヴィーナス誕生などのスケッチである。

　図65（#54）には Love found you again, love find me again というタイトルをつけた。右上は深海の下にある種の層がある，真ん中左は白いウェディングドレス，下部には二つの精神的な魂の導き手 spiritual guide of soul があり，右はナンシー・ウィルソンのCDより誘発されたものである。
　ある種のホムンクルスであろう。

図66（#55）はセリーヌのCD：“Pentecóte”より。セリーヌの顔と天からの光柱を神の恩寵によるもの by the grace of God として素描している。

　図67（#56）はスノーボート（橇）で滑走する白い帽子と服を着た褐色の肌の婦人とミューズ神のイメージのスケッチである。
　黒人または黄色人種の混ざりあいとしての私の出自（迫害，差別，偏見）と白人へのコンプレックスが相合わさって，ボブスレーのようなスピードをもって疾走する，メリーゴーランドや水色の産道・挿入道の別バージョンかもしれない。詩的霊感・詩神としての音楽の女神アニマは，なにもセリーヌとか持ち出さなくとも，内に存在しているのである。

#53 3 June 2003

図 64

#54 4 June 2003

図 65

個性化プロセスとユング派教育分析の実際

#55   8 June 2003

図66

#56   9 June 2003

図67

図68（#57）は夢のイメージである。白川静の指摘する「口」[40] すなわち「神託」のイメージである。私にとって，音楽は詩的霊感やインスピレーションであり，そこから得られるイマジネーションは上述した「霊気 pneuma」であり「神託」である。

図69（#58）は生後9か月の私の息子のふくよかなイメージである。大きい桃の連想と共に浮かんできた。現実の子どもと育児家事を含めた外的現実の直面化による直視であると同時に，私の中に内的現実としての新しい可能性，ホムンクルスが育ってきているのかもしれない。日本では桃は魔除けでもあり，ファンタジーへのめり込むことへの警鐘であり訣別のきっかけであったかもしれない。

40　白川静著『字通』平凡社，1996

図 70（#59）はアパート内の見取り図である。私の部屋から地下通路を経て，音楽を流し同時に監視するセリーヌの部屋に繋がっているかもしれない，というファンタジーである。この時，O'Kane 氏はセリーヌがラスベガスで長期公演していることを直面化した。余程危険に感じられたのであろう。むろん私がこの見取り図に従って別の部屋を訪ねることはないのだが。むしろ行動化しない分，空想が肥大化するという側面があったかもしれない。この危険性を知りつつ，私の内なる旅路に付き合った O'Kane 氏の度量の大きさに感心した。

　図 71（#60）は夢のイメージの生駒山である。実際には違うのだが「活火山」になっている。クライシスが活性化しかけているのと同時に，私にとっての攻撃性 aggression を含めた大きな「変容」を意味するのかもしれない。夢の中で，私はシフト・チェンジを体験している。

#57　11. June 2003

図 68

#58　17. June 2003

図 69

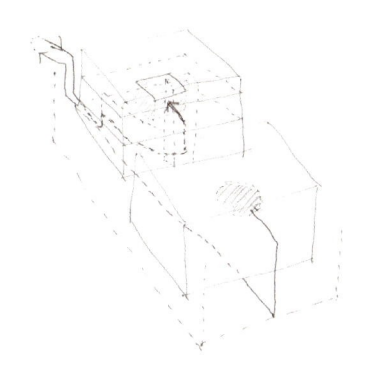

#59 19 June 2003

図70

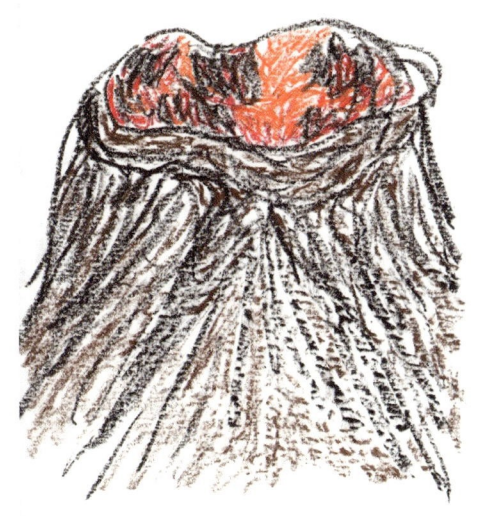

#60 21 June 2003 Ma. Ikoma

図71

図72（#61）は夜の航海の結果としての鯨の割腹，働くキャリアウーマンの素描である。「夜の航海」から抜け出ようとして，アニマがガイドになっているのであろうか。

　図73（#62）は夢のイメージで，地中海から黒海に到るトルコのボスポラス海峡，二人の原人アントロポス Anthropos Christus のスケッチである。なぜトルコなのか？　ヨーロッパとアジアの中間だからであろうか。黒海にかけての矢印は，子宮の中の羊水を貫いているかのごとくである。黒海の黒は全ての色を含んだ黒化 nigredo かもしれない。日本人のアイデンティティを保ちながらスイスで生活・格闘し，何かを生み出そうとしているのか。原人は「自己 Self」の別表現で，二つのアイデンティティの潜在可能性を表しているのかもしれない。またそれは男性的アイオーン[41]である（アイオーン界の基礎になる「根源的八柱」の一つ）[42]。子宮への矢印同様，男性性が私を導いているかもしれない。

41　アイオーン神の彫像は，獅子の頭をもつ人間の姿であらわされる。その体には蛇が巻きつき，蛇の頭は人間の頭の上に突き出ている。獅子は七月，夏の灼熱を表し，蛇は大地の闇と冷気を表す。陰と陽である。アイオーンは対立物の結合の神である。意識と無意識など対立物を結合することが心理療法の要諦であり，この神像に象徴的に具現化されている。（鈴木康広著『宗教と心理学』創元社，2011, pp.55-62，C・G・ユング著，入江良平他訳『夢分析 II』人文書院，2002, pp.116-117 参照）

42　湯浅泰雄著『身体の宇宙性』岩波書店，1994, p.239

図 74（#63）は夢のイメージで，キース・ジャレットのライブコンサートを私が聞いている場面である。キースと聴衆が一体となって音楽を作り上げ，奏でている。キースのもつ伸びやかさしなやかさが，一種の弾力・弾性 resilience として我々に作用し，「渾然一体」となっている。音楽が言語や国民性を超えて，普遍的に集合的に皆のこころに響く所以であろう。個人の無意識を超えて「集合的無意識」に届いているのではなかろうか。

　図 75（#64）は夢のイメージで, 鉛の棒, 織物／蜘蛛の巣 loom/cobweb, インドの聖人の素描である。織り成す模様は，脳内の神経シナプスのネットワークの如く, こころのネットワークを表しているかもしれない。カルマ（業）の絡み合いかもしれない。無意識というのはいろいろなコンプレックスが絡み合っているかもしれない。織り成す模様は人それぞれで，同じものは一つとしてないであろう。

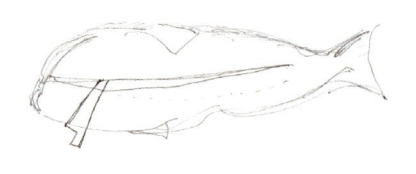

#61 22 June 2003

図72

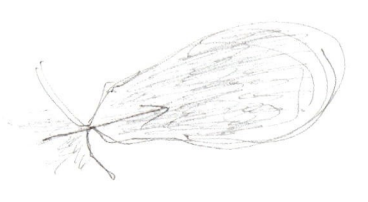

#62 15 July 2003

図73

#63　23 June 2003

図 74

64　24 June 2003

図 75

図76（#65）はヴィジョンとして浮かんだ私の息子のイメージである。生後9か月で這い這いしている姿である。これ以上の説明は必要ないであろう（言わずもがな，万感の思い）。

　図77（#66）は夢のイメージで，原人，抽象的数式のスケッチである。湯浅の指摘する幾何学的認識と関連するかもしれない[43]。

43　湯浅泰雄，前掲書 p.305，感覚される現実の図形ではなく，心の眼で図形の意味を読む能力で，想像力である。

図 78（#67）はワーグナーの CD："LOHENGRIN" より。黄色いブーメラン
のような雲，疾走する麒麟か龍であろうか。

　図 79（#68）は夢のイメージで，石の祈りを捧げる宗教的アイテムである。
歌舞伎役者の市川団十郎が，漢方の薬草かハーブ薬草をこの石のアイテムで
火を灯してアロマテラピーとして東洋医学で健康を維持しているというもの
である。彼の対処 coping 方法であるらしい。なぜ歌舞伎役者なのか。顔見
世として「見世物」のひとつとしての連想か。アロマや東洋医学などオルタ
ーナティブなものを模索している。石の祠のような「祈り」であるのが素朴
で，愛らしい。火の形も陰陽風である。私なりの対処方法を見つけつつある
のであろう。

#65　29 July 2003　kotaro

図 76

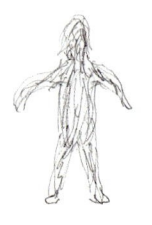

$$ax + by + cz = 0$$
$$x = a'$$
$$y = b'$$
$$z = c'$$

#66　18. Aug. 2003

図 77

#67   24 Aug 2003

図 78

stone

#68   7. Sept. 2003   stone

図 79

Ⅱ　Visions（自由描画）による教育分析―夢分析を併用して―　［107］

図 80（#69）は私の息子と彼の手のイメージである。手がしっかりと彼の成長の証し，存在感を示している。スイス入国時，警察証明として指紋を取られたが，今や新しい手・指紋が育ってきているのであろう。過去とそのトラウマは浄化されつつある。

　図 81（#70）は女性の半裸像，オレンジ色の板，縞（赤色，黄色，茶色）の入った女性の半身の横からの像あるいは何かの管 tube，のスケッチである。

図82（#71）は昼寝中に浮かんだイメージのスケッチである。下部は卵巣の卵子であろうか。

　図83（#72）は夢のイメージである。ツクシのような綿棒のようでもあるが，幟であり私が三本目を立てている。第三のもの（葛藤としての二から三へ，超越機能による）が生まれようとしているのか。

#69　6. Sept. 2003　Kotaro and his hand

図80

#70　12. Sept. 2003

図81

#71　25 Oct. 2003

図82

#72　25 Nov. 2003

図83

図84（#73）は夢のイメージである。クイズと題された絵である。ある芸術家がこの絵を描くのだが，クイズはスイスドイツ語（スイス方言）で出されている。私は何とか翻訳しようとして悪戦苦闘する。そしてこのクイズが示唆する「自由」の意味について，私は熟考するのである。芸術家もこの作品を通して多くのものを得ている。

　私にとって，スイスでの自身の置かれた状況，その意味を考えること——監視されているという思い込みなのか，あるいはそこに一縷の真実があるのか，あるいはその状況下での「自由」とは何か。そこを熟考することから多くのものが得られるであろう。錬金術の工程で得られる「金」かもしれない。

　図85（#74）は夢のイメージで，三人の女性シンガーとふれあっている幾何学的スケッチである。ユーミン（上）とケイコ・リー（右下），もう一人の女性シンガー（左下）は誰であろうか。内なるアニマとしてのガイドかもしれない。時計回りで，反時計回りの彼女らとは逆回りである。が，そうである故に，絡み合っているのであろうか。

図86（#75）は夢のイメージから。前回の幾何学イメージからの連続性があるのだろうか。上と真ん中の図の矢印は，正規の軌道を外れても回っている。完全な円軌道ではない。歪み（楕円のカーブ）がある。この軌道を回っていることに意味があるらしい。そうして下の図の，垂直の円から水平の円へと，道 passage が繋がっていく。垂直の円の下に水平に円が現れる。これが次の進路らしい。

　振り返れば，私の人生も軌道を外れたものである。それが個性でもあるのだが。歪みが，個性として導いてくれている。垂直から水平への転換は大きな転回ではなかろうか。また，パウリ（心理学と錬金術）の「宇宙時計」の夢イメージ[44] も彷彿とさせる。

　図87（#76）は夢のイメージより。石の箱，歯に薬やそれに対抗する何かのデザインがついている。

44　C・G・ユング著（池田紘一，鎌田道生訳）『心理学と錬金術 I 』人文書院，1976，p.273。「垂直は無意識に相当する」（同，p.286）とされている。

#73　26 Nov 2003　"gruz"

図 84

#74　1. Dec 2003　three female singers

図 85

#75　3. Dec. 2003

図86

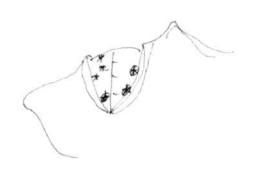

#76　4 Dec. 2003

図87

図88（#77）は夢のイメージより。緑色のものが広がる。エメラルドグリーンに近いであろうか。時節としては冬至を過ぎた直後で春を待望する，瑞々しいエメラルド色の皇太子 prince of emerald であるホルス，すなわち，永遠の青春と豊作を待望しているのかもしれない。

　図89（#78）は夢のイメージより。真ん中の青色のものは，エーテル，大空，天空であり，古代人が想像した天空の霊気，精気である。

図 90（#79）は音楽によるヴィジョンより。左上は中年から初老の老けた男のロックミュージシャン，真ん中から下部の複数の顔は子どもたち，右側は白い傘かパラソル，の素描である。自身の内にロックミュージシャンを導き手としてもっているのかもしれない。

　図 91（#80）の上部はケイコ・リー："Wonder of Love"，下部は夢のイメージより。私の息子が赤色と黒色のトランプカードで遊んでいる。彼は赤色の将校服を着ている。
　黒と赤は，抑うつ，闇，影，死と血，火，太陽，生命であり，黒化 nigredo と赤化 rubedo であるかもしれない。自身の内なる子どもは生命の赤色を纏って成長しようとしているのかもしれない。

#77　22. Dec. 2003

図 88

#78　29 Dec. 2003

図 89

#79　29 Dec 2003

図 90

#80　2. Jan 2004

図 91

図 92（#81）は夢のイメージより。北朝鮮の国旗に似た旗，西洋人であくの強い個性的な人物の顔である。小悪魔的であるが，それ故，影 shadow を知っている，抑えているものと思われる。独特のくさみ，いやらしさが動物的嗅覚を醸し出している。

　図 93（#82）は夢のイメージより。私ははじめ上部の石柱や緑の盛り土のたくさんの墓の間の敷地で仮眠しているのだが，友人たちが川で泳いでいるのを見て，そちらに近づこうとする。川には入ってないし，まだ渡ってもいない。神殿での参籠 incubation の静的な段階から，川の流れとしての無意識の流れに沿おうとする動的な段階への移行であろうか。受動的に神託やイマジネーションを得るだけでなく，何か能動的に動こうとしているのかもしれない。川で泳ぐ友人には「遊び」の要素を感じられた。より自由に，自発的に，柔軟になれるのであろうか。自身の囚われ（思い込み）からも自由になれるかもしれない。

図 94（#83）は夢のイメージより。数式の証明という幾何学的なもの，船の素描である。この円の太線部の 13 以下の領域の証明は何を意味するのか。船出しようとしているのか，停泊しているのか，なぜ二艘なのか。

　図 95（#84）は夢のイメージより。「弁天」山である。かなり登るのが難しいシャープな山で，山頂は木がなく芝生のようになっている。私は登頂に成功し，頂上で足場つくりの男性の専門家に出会う。彼に足場の飛びうつり方を学び，登山のイロハを教わる。男根的ファリックな形の山であるが，頂上は黄緑色でエメラルドの瑞々しい感じで，名前も弁財天という音楽，芸術，学問，財を司る，女神である。音楽・描画（芸術）というアニマの導きで，インスピレーションを得て，天と交信し瑞々しい神託を得る，一種の離れ業（足場の飛びうつり）を意味しているかもしれない。

#81　11 Jan. 2004

図 92

#82　14 Jan. 2004

図 93

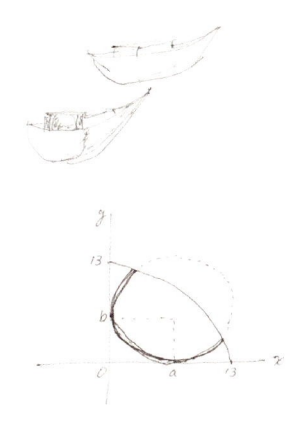

#83 14/15 Jan. 2004

図 94

#84 21. Jan. 2004 Mr. Benten

図 95

図 96（#85）は夢のイメージより。カルロス・クライバー指揮のコンサートに私は出かけている。背後を二人の兵士が警護しているスケッチである。兵士に警護されてホールは中世の監獄のようだが，オーケストラと観衆は一体となっている。凝集性故の一体感であろうか。私はクライバーの指揮のユニークさに感銘を受ける。指揮者は，芸として「気」をマスターして，ハーモニーを紡ぎ出しているものかもしれない。高貴なクライバーに投影性同一視する私の自我肥大もあろうが，監獄という迫害の犠牲者であると同時にヒーローであるという「救世主（イエス）」元型であるかもしれない。しかし距離を置いて全体を眺めている，聴衆の一人としての私もいる（後部座席三列目）。

　図 97（#86）は夢のイメージより。私はスイスの中のスペインにいる。美智子皇后が丘の上を散策しながらウォーキングしている。私は階段を登って，金色の地に墨字で挨拶状を友人あてに送る。幾人かの友人と会う。その後眺望台から下の風景を眺めると，自分から向かって右側には石の五重塔と噴水のある石庭が「在」として，左側には「非在」として何もない。その先には海のような水が広がっている。スイスの静に対して，情熱の国スペインは動であろうか（闘牛と内戦，赤と黒のイメージ）。美智子皇后は「内なるサバイバー元型（心労によるクライシスを克服された）」であるかもしれない。私の眺めるものは「在」と「非在」の鬩ぎ合いである。現実と思い込みの鬩ぎ合いでもあり，私にとっての左側・無意識領域での「非在」は仮想現実であるかもしれない。ただ両者を同時に眺められる視点は重要であろう。このイメージは第 12 回箱庭作品（後述）に再現される。

図98（#87）は私の息子とは別の男の子の顔のイメージである。内なるホムンクルスであろうか。

　図99（#88）は夢のイメージより。縄文様あるいはアイヌのような原初的な「古層」の文様を連想する。エジプトの「神の目」のイメージ図のようなタッチでもある。扇なのか。子宮に挿入するペニスなのか。幾何学文様であるが故にかえって連想が膨らむ。

#85　21 Jan. 2004

図96

#86 (→⑫SP) 24 Jan. 2004

図97

#87. 27. Jan 2004

図98

#88 28 Jan. 2004

図99

図100（#89）は夢のイメージより。金屏風に四文字の大きな漢字が浮かぶ。一字は思い出せなかった。有吉佐和子の『複合汚染』の有明海と『恍惚の人』からの「光骨」の連想から，作家・辻仁成の『白仏』を読むことにした。

　図101（#90）は夢のイメージより。「那須」にあるバスセンターで鉄道の駅に向かう乗車券を私は買おうとしている。下部の図はバスセンターのチケットカウンターの見取り図である。回り込んでカウンターの先のコーナーで乗車券を何とか購入できた。目的地の鉄道の駅も最初は別の駅行のバスに乗ってそこから鉄道で移動しようとしたり，直接行かずに「回り込んだり」余計なことをしている。しかし一見無駄に見えるこうした「回り道」が周回と同様，意味があるかもしれない。また那須の「那」はナーガを連想させる「蛇」であるかもしれない。カウンターの形は「蛇頭」であるかもしれない。

図102（#91）は夢のイメージより。ツチノコのような蛇，あるいは縞々は蜂？　虎？　梟であろうか？　その素描である。「変容」と関連するかもしれない。

　図103（#92）は夢のイメージより。上は私の妻，下は息子が私に何かを渡そうとしているスケッチである。私の妻や息子の現実的・写実的なイメージが前景化しつつある。

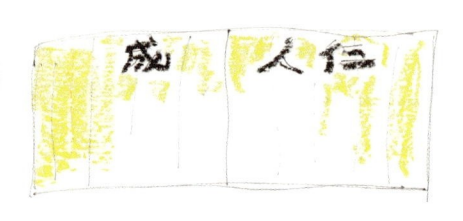

#89 8 Feb. 2004

図 100

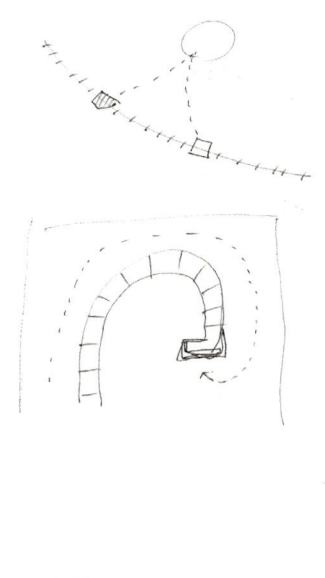

#90 15. Feb. 2004

図 101

#91　19 Feb. 2004

図 102

#92　28 Feb 2004

図 103

図104（#93）は夢のイメージより。下北半島の恐山，回り込むというイメージのスケッチである。下北半島の形が図101とは逆回転の反時計回りの「蛇頭」の別バージョンかもしれない。恐山においてイタコという霊媒が神託を得ている。私の中の内なるイタコであろうか。

図105（#94）は夢のイメージより。上部は，隼の頭，祈る姿の胚など，真ん中はスウィングし湧き上がるもの，下部は水着姿の女性，の素描である。
　「祈り」という宗教性が私にとっては重要な意味をもっている。そこから湧き出る，しなやかさとアニマ像（生のエロスでもある）であろうか。

図 106（#95）は夢のイメージより。左側の犬歯であろうか。穀物よりは肉類を噛み砕くような攻撃性，貪欲さを無意識領域に示している。人生を噛みしめよ bite the life としてしっかり噛めという意味であろうか。

　図 107（#96）は私の息子のイメージである。一歳五か月となり這い這いではなく独り立ちして順調に成長している。

#93　29. Feb. 2004

図104

#94　4 Mar 2004

図105

　個性化プロセスとユング派教育分析の実際

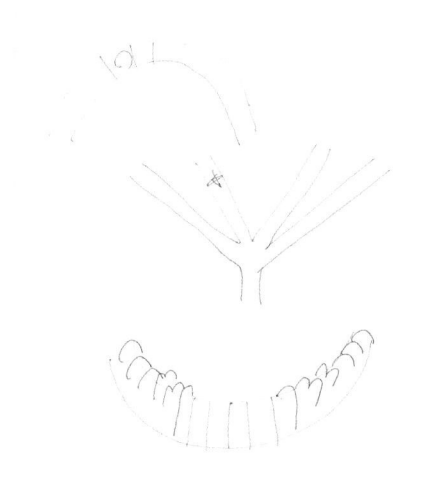

#795 7 Mar. 2004

図 106

#96 10 Mar. 2004 Kotaro

図 107

図 108（#97）は夢のイメージより。私は青色の丸い潜水艦の縁から中の多数の乗員を眺めている。この潜水艦で日本からヨーロッパへ来たが，今度はヨーロッパから日本へ移動しようとしている。水陸両用で，ロシアの田舎道を抜けるのだが，潜水艦と同じ幅の移動痕の道となっている。日本への最短の道として地下の海をくぐり抜けている。

　無意識をくぐり抜ける旅路は帰路へと転回している。現実へと戻る旅路でもあろう。メリーゴーランドの疾走や産道を突き抜けるような圧倒的な感じはまだ同じように続いている。地下の海はまだまだ深いかもしれない。

　この後，夢の中で私は死に，その後に目覚める。「死と再生」の体験であろうか。

　図 109（#98）は夢のイメージより。私のニューヨークのアパートの黄色いドアである。黄色人種であると同時に「直観」を意味するかもしれない。イマジネーションがさまざまなドラマを自分の部屋に招き入れるのである。

図110（#99）は夢のイメージより。私は他の二人の僧侶と三人で東京駅を歩き極楽門通りにある寺を見つける。他の巡礼者と共にその寺の四角い通路を祈りながら歩く。下部では，私はちょうど引っ越しをしている。母が水色の安い中古車を私に買ってくれた。私と息子は黄色い光が動いているのを目撃する，といったイメージの素描である。

　四角い形は，宗教性に基づく完全型・自己 Self に近い。母という古い女性性の導きによって，移動・引っ越しのためのコンパクトで手頃な中古車を手に入れる。身の丈に合った地に足の着いた移動手段であり，聖母マリアの薄水色 pale blue である（太母に守られる）。そのあと，直観・インスピレーションとしての光を目撃して，この方向性が正しいことを確信する。徐々に現実世界へ戻って来つつある。

　図111（#100）は夢のイメージより。初日の出であるが，そこから白い虎が飛びだして，その虎の影 shadow が海の上を渡ってこちらに近づいて来るのを，私は浜辺のホテルに向かいながら眺めている。新年の新しい転回点に，日の出と虎という力強いイメージである。白いのは更に神聖な感じである。それらが無意識の原動力となり，手前での現実生活（浜辺とそこにあるホテル）のスピリチュアルな導き手となっているのかもしれない。

#97　16. Mar. 2004

図 108

#98.　19. Mar. 2004

図 109

［138］　個性化プロセスとユング派教育分析の実際

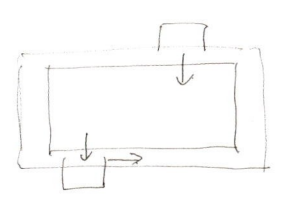

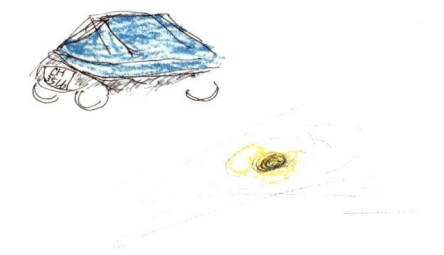

12 Apr. 2004

図 110

100   14 Apr. 2004

図 111

Ⅱ　Visions（自由描画）による教育分析―夢分析を併用して―　　［139］

図112（#101）は夢のイメージより。近鉄沿線のあやめ池や学園前のような池や沼（貯水池）が埋め立てられてできた住宅街である。私は池沿いの丘を駆け抜けてホテル近くの場所に到っている。池など水で象徴される無意識の近くを，形を変えながら，駆け抜けているようだ。

　図113（#102）は夢のイメージより。ヌミノースな空間である。

図 114（#103）は夢のイメージより。プレスリーの着るようなコスチュームを纏った私の妻である。外的現実のアニマが内的現実のアニマに血肉化されたとも言えよう。もはやセリーヌを求める必要はないのである。

　図 115（#104）は夢のイメージより。巨大スクリーンに映る MTV で西洋人のミュージシャンが椅子の上で座禅をしているのを，私は眺めている。私にとっての仮想現実の在りようがここに凝縮されて表現されている。

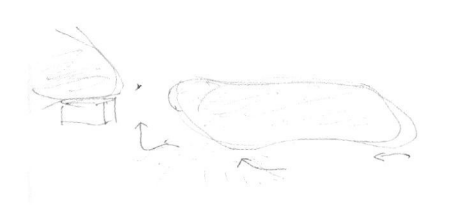

#101　16 Apr. 2004

図112

#102　24 Apr. 2004

図113

[142]　個性化プロセスとユング派教育分析の実際

#103   25 Apr 2004

図 114

#104   1 May 2004

図 115

図116（#105）は夢のイメージより。上部は，私と息子が使いこなす絶対真理としての梵天 Brahma，真ん中から下部は，四層のもので私は相互に出たり入ったり interact しているスケッチである。梵天はファリックな形でもあり，上述した「弁天」山のイメージとも類似する。ヒンズー教の最高神で，万物創造の神なので，「創造性」creativeness と関連していると言えよう。

　図117（#106）は夢のイメージより。私は女性で，ある愛人の男性を殺害した。その土地に棲みついた混沌とした二つの影 shadows の化け物が湧き上がって戦い始める。

　私自身の抱える心の闇としての影であろう。ネガティブなものであるが，それを直視することから，黒化 nigredo の黒として次のステップへ進むための萌芽を含んでいるかもしれない。

図 118（#107）は夢のイメージより。カナダの Victoria Day にイメージしたセリーヌの故郷ケベック Québec である。下北半島のように突き出した恐山とは反対側の半島の入り江に町が海に面してある。下北半島より鋭く，より北極寄りであろうか。恐山と対になった場所なのであろうか。両方一対のセットで「神託」が得られたのかもしれない。宗教性というファリックな蛇頭の男根と対になる，「卵管」のエロスの女性性かもしれない。

　図 119（#108）は夢のイメージより。上部は，私の実家の故郷にある八釰神社から弘法山に到る街道筋，下部は，少年野球で得られたトロフィーで通常は左側だが，今回は右側の味のある特別なトロフィーが私の妻の父（私の義父）から贈られた。

　私の古層を刺激するヌミノースな街道である。私の父の馬頭観音（旅人を守護する）信仰 [45] とも重なる。私の「心の旅路」をこうしたものが守ってくれているのであろうか。また，妻・アニマの側のアニムスも導いてくれている。

45　鈴木康広著『宗教と心理学』創元社，2011, p.10

#105 23. May 2004

図116

#106 16 May 2004

図117

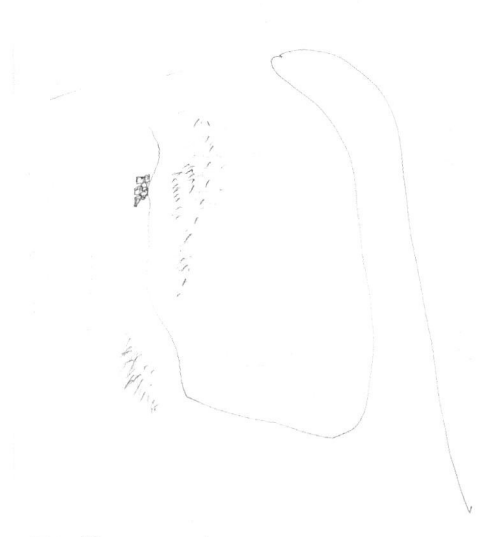

#107 24 May 2004

図118

108 25, 26 May 2004

図119

図120（#109）は夢のイメージより。インド人が手の痕を付けるデモンストレーション（実演）をしている。中央ではなく縁に痕をつけている。東洋人と言っても日本人とはだいぶ異なる。私にはそれは分かったうえでのことである。最後に私の息子がやって来て右側に左手の手形を押した。「指紋を取られる」ことからスイスでのデモンストレーションは始まった。通常の日本人とは異なるややエキゾチックな，ヨガをしたり英国人に迫害されたりする，原初的なデモンストレーションであっただろうか。しかし内なる子ども（現実の息子でもある）の存在によって，意識の側の右側にしっかりと具体的な手形（存在の証し）を刻むことで我に返ったのであろう。

　図121（#110）は夢のイメージより。私は息子を窓のフェンスの上で抱えながら揺らしてあやしている。遊ぶこと自体はいいのだが，フェンスの上が危険であることに気づき部屋の中へ抱えながら戻る。閾値の上で，危険に気づいて内部へ戻れたことは重要であろう。

図 122（#111）は夢のイメージより。奥に崖がある高山寺の御堂, 石水院とその庭のイメージである。御堂の一室には苔生した古い仏像があり，がらんとしている。夜明け前で暗く，もうすぐ座禅の修業が執り行われるのだがまだ誰も来ていない。

私は御堂の前を通って，庭を回りぬけようとする。

私にとって「明恵上人」「高山寺」は河合隼雄著『明恵 夢を生きる』に出会ってユング派になることを決断した故[46]重要な意味をもっている。あらためて原点に戻ったのであろうか。座禅の瞑想 meditation は，仲介 mediate つまり神・詩的霊感との媒介でもあろう。またそれは熟考し内面を掘り下げることである。夜明け前の暗さがヌミノースを際立たせている。

図 123（#112）は夢のイメージより。

46　鈴木康広著『宗教と心理学』創元社，2011, pp.29-30

#109 1 June 2004

図120

#110 2 June 2004

図121

#111　5 June 2004

図 122

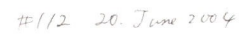

#112　20. June 2004

図 123

図124（#113）は夢のイメージより。私はアパートの庭の桜の樹の枝を眺めている，母か妻が眺めるように勧めたのである。下に向かう枝が最も古いものであることに私は気づく。バウムテストとしてアセスメントしたらまた別の知見が得られるかもしれないが，大地のエネルギーを吸い上げて大地へも地に足を着けようとする（もっとも古い枝）右の意識が勝ったものに見える。左の無意識へは緑の葉や実・紫の花が生えるが，重心は右側にある。母や妻のアニマが，左の仮想的なアニマに取り込まれない「強さ」を提供しているのである。ただ未だ地面は描かれていない。

図125（#114）はユング研究所の講義において，ネパール人シャーマンYarjung Gurung 氏と英国人民俗学者 Judith Pettigrew 女史から得られたイメージである。シャーマンを象徴する「鳥」とアイヌ的，エジプトの「神の目」的「古層」の表現が重なっている。

図 126（#115）は夢のイメージより。黄色いものが浮かんできた。O'Kane 氏との教育分析はここまで，2004 年 7 月 1 日の計 131 回までである。その後 Ruth Ammann 女史との箱庭制作による教育分析が始まるが，夢の記録は継続しており，そこで現れたイメージは以下 2004 年 9 月 4 日の #130 まで掲載しておく。

　図 127（#116）は妻と息子のイメージである。

#113 22. June 2004

図124

#114 25. June 2004

図125

#115 27. June 2004

図126

#116 3. July 2004

図127

図 128（#117）は 7 月 13 日から始まった Ruth Ammann 氏との箱庭制作による教育分析の第二回目の作品のイメージである。夢のイメージを箱庭作品で表現した。Ⅲ章で後述する。

　図 129（#118）は夢のイメージより。胚のような内なるホムンクルスであろうか。

図 130（#119）はハリネズミ，ヤマアラシのイメージである。近づきすぎると痛い，遠すぎると淋しい。距離感のジレンマであろうか。

　図 131（#120）は実家のある故郷の町の通路・路地である。既視感のように浮かんだ。

#117 19. July 2004   SP②

図128

#118   17. July 2004

図129

#119　26. July 2004

図130

#120　28. July 2004

図131

図132（#121）のイメージ群。上部は，容器の中で茹でている，料理している。真ん中は，私は何かを待っている，眺めている。下部は，精子か蛇か？　料理は「変容」を象徴する。それには待つという時間が必要である。

　図133（#122）は音楽が流れ，漂い，広がり，湧き出るイメージである。それらは軽やかに疾走している。

図 134（#123）左上は私の息子が泣いている，他の部分は，赤色と黄色，茶色の混ざった線の束，紫色の線の流れのイメージである。別のイメージの疾走であろうか。息子という現実的なものに変容している。

　図 135（#124）は夢のイメージより。五つの緑色の断片であるが，これは反時計回りに円環として連続しており，ウロボロスの蛇であり，私と息子の連関の環なのである。

#121   29. July 2004

図 132

#122   29. July 2004

図 133

#123　9. Aug. 2004

図134

#124　13. Aug. 2004

図135

図136（#125，#126）のイメージ群。上部は水色の花火様に広がるものとかたまり，真ん中はスペースの横の観衆の中に佇む私と息子，下部はプールの横にいる私と息子。私と内なる子どもはスイマーとして無意識のプールをくぐり抜ける準備を続けているのかもしれない。

　図137（#127）は，乗馬と夕方の大きな虹のイメージである。馬という本能的なエネルギーを飼い馴らせつつあるのだろう。

図138（#128，#129）のイメージ。上部は私，妻，息子がチューリッヒ郊外の山 Top of Zürich からチューリッヒ湖を眺める抽象画，真ん中は 15 歳の少年とその赤ちゃん，下部は赤い枠の玩具に手を伸ばす，などのスケッチである。上部の小旅行は私たち一家にとって重大なことだった。妻は初めてプライベートにスイス生活を楽しめたのではなかろうか。

　図139（#130）は赤色とオレンジ色・黄色のＴシャツを着た小さい姉妹，私がどこかへ行こうとしている青色の抽象的なイメージである。新しい内なるアニマが育ったのであろう。

図136

図137

図 138

図 139

箱庭制作による教育分析
―夢分析を超えて―

自発性，自律性，手の感触に身を委ねること
箱庭作品 1 〜 126/127
（13th July 2004 〜 14th June 2007/14th Feb. 2008, with Ms. Ruth Ammann）

　はじめにで述べたように，私は教育分析を箱庭制作による箱庭療法でできないかと Ruth Ammann 女史にお願いした。女史は当時国際箱庭療法学会（ISST, International Society for Sandplay Therapy）会長で世界中を飛び回り多忙を極めていたが，ユング研究所で講義をしていたので，その際にお願いした。女史自身がアナリザントとして Dora Kalff さんの前で箱庭制作することから訓練を始めたことを語られ，まずは私自身が箱庭を作っていく体験を重ねることになった。

　箱庭制作は 2004 年 7 月 13 日より週二回のペースで始められた。一セッション 50 分でチューリッヒ市街にある女史のオフィスで行われた（女史は郊外の自宅にも箱庭療法の部屋をもっている）。後半では不定期になっていく。以下箱庭作品 1 〜 127 とそのプロセスを提示していく。

　図 140（箱庭 1）は初回の作品である。手前の私が立つ位置（南）から風水の東西南北に見立てて，北に玄武の亀，東に青龍の蛇，南に朱雀の梟，西に白虎の虎をそれぞれ枠上に置いている。中央の家の建つ丘の下には，表面からは見えないが，「大蛇」が埋められている。

　北側の枠近くには丸い輪切りの木片や岩の塊が屏風の如く保護するブロッ

クのようにあり，南北に細長い水辺の近くの左上（北西）にライオン，左下（南西）に白い驢馬，右下（南東）に馬，小さい池の畔の右上（北東）に鴨がいる。枠上の風水の四神同様，中央の丘を二重に守っているかのようである。それぞれの動物で象徴される本能的なものが今後展開していくのであろうか。最初から枠の上にアイテムが置かれていて，境界 boundary の危うさが感じられる。しかし，東の枠上の青龍は「大蛇の大きいもの」であり，ダイナミックな動きと変容を予感させる。左側の細長い湖は青龍と対になり，地の動物として白虎に関連してライオンと白い驢馬がいるのかもしれない。無意識領域（左下）や宗教性の領域（左上）での原動力になっていくだろう。男性性・父性領域（右上）の鴨は池の畔で無意識（水）をくぐり抜けていくであろう。女性性・母性領域の（右下）の馬のもつ本能はその領域を駆け抜ける駆出力になるかもしれない。私の側の南の梟は知恵をもっている。私の向かいの玄武は，本来は蛇が巻きついた亀である。四神としては水の神である。浦島太郎を竜宮城へ案内した亀のように「無意識」へ導くガイドであると同時に，蛇が巻きついた卵のような「世界卵」としての潜在可能性の第一質料かもしれない。しかしまだ蛇は巻きついていない。私から向かって，あるいは埋められた大蛇から向かって，木片や岩の塊で，防御あるいはワンクッション置く必要があったのであろうか。

　中央の丘には，砂紋・風紋があり，家に到るのに周回 circumambulate する必要があるのだろう。まだ道にはなっていない。「埋められた大蛇」は，喪の作業として墓 tomb として埋められ封印されたのか，子宮 womb かあるいは卵のように孵化して生まれようとしているのか。封印されたのは過去のクライシスかもしれない。

　一見平穏な風景であるが，本当に「平穏」なのだろうか？　丘の下の封印は大丈夫なのだろうか。脳の中は平穏なのであろうか。「大蛇」はどこへ行こうとしているのか？

　玄武として示唆された「世界卵」[47] が，真にそのものになるには，中央に埋

47　註 18 と同じ。『イメージ・シンボル事典』p.203：エウリュノメは，豊穣の女神で，混沌から生まれ，空と海を分かち，波と戯れていたが，のち大蛇 Ophion によって凌辱された。その後彼女はハトに姿を変え，宇宙卵を生んだ。オピオンがこの卵のまわりを

められた「大蛇」が，障害を取り除いて，危うい枠の上にある「亀」に巻き
つかなければならない。

　われわれは注意深く，我慢強く，その動向を今後のプロセスの中で「待た」
ねばならない。このように初回作品の中に，今後の全ての展開の萌芽が含ま
れているのは，夢分析における「初回夢」と同様である。

　「世界卵」のイメージ図を以下の図 141 に示す[48]。

---

　7 回まわってあたため，孵化した。そこから宇宙が生まれた。
　　卵の中の神秘的な生命力は宇宙を意味する。『神話・伝承事典』p.221：世界卵を表す
　エジプトのしるしは，女性の子宮の中にある胎児を表すしるしと同じであった。
48　Ｃ・Ｇ・ユング著（池田紘一・鎌田道生訳）『心理学と錬金術Ⅰ』人文書院，1976，
　p.292：創造の点である卵に巻きつき上がる蛇。

図 140　箱庭 1

図 141　世界卵
（フリース『イメージ・シンボル事典』p.203）

III　箱庭制作による教育分析―夢分析を超えて―　[171]

図142（箱庭２）は翌日に制作された。Ammann氏（西側）からの記録写真で，私はこの写真では右側（南）に位置している。以下，私の側から見ての記述とする。Ammann氏側から写真を撮っているのは，氏の逆転移かもしれない。私の向かいの北側（写真では左）の枠の上に，北斗七星として七つの星を置いた。北東（左上）の鬼門の枠の上にはお守りとして原始的な鳥がいる。南東（右上）の隅には黄色いバラがある。写真には写っていないが，同様に他の四隅の，南西（右下，裏鬼門）の枠の上に梟，北西（左下）の枠の上に鴨を置いた。それぞれの四隅には砂の斜面があり，枠の内外を出入り可能になっている。

　南東の斜面の下にはイルカ，北東の斜面寄りにはカタツムリ，（写っていないが）南西の斜面の下にはスカラベがいる。

　中央には水があり掘り込まれた泉のようである。周りは土手のように固められ，容器 container, vessel のようでもある。泉の北東には小さな緑色の蛙，泉の北西には小さな緑色の蛇，私の手前の南には小さな緑色の亀がいる。箱庭１では中央が埋められていたが，今回は中央が掘られて無意識の水が（湧き）出てきたのかもしれない。小さな緑色の３つの動物に私は詩的霊感・インスピレーションとしての「聖娼」[49] を連想した。湧き出る泉に佇み，永遠の瑞々しい緑色で，小さく新しい可能性としてのホムンクルスであり，「変容」する（蛇は脱皮し，蛙はオタマジャクシから）ものである。蛙は北東と南西の軸（対角線）上にいて南西の梟の知恵が役立ち，蛇は南東と北西の軸上にいて南東のイルカの知性や（バラの）黄色 [50] の直観が役立つかもしれない。南北の軸上の亀は箱庭１の玄武の位置の北斗七星と対応していると思われる。

　枠上に多くのアイテムが置かれ，四隅が砂の斜面で枠の内外の出入りが可能なことから，境界の危うさは続いている。容器としての土手が強固に固められているのは，その危うさと裏腹の「無意識の変容」を守るためかもしれな

49　Ⅱ章で既述。註21他に同じ。
　　N・クォールズ＝コルベット著（菅野信夫・高石恭子訳）『聖娼』日本評論社，1998
50　Jacobi, J. *The Psychology of C.G. Jung.* Yale University Press, 1943, Plate1
　　Abt, T. *Introduction to Picture Interpretation According to C.G. Jung.* Living Human Heritage Publication, 2005, pp.94-95

い。クライシス（変性意識状態）と創造性は裏腹である。フィルターがかからずに外界からのノイズを拾ってしまうことと詩的霊感は裏腹なのである。

　図143（箱庭3）は中央に湿った砂で作られた橋があり，橋の下がトンネルになって南北を貫いている。手前の私の位置の南からトンネルを抜けて，北には大きな石がありその上に小さいカラスがいる。また北東（右上）には池の手前に二匹の大きいカラスがいる。小さいカラスはカラスのホムンクルスであろうか。

　橋の東（右）には小さい白い石が，西（左）には「見ざる聞かざる言わざる」の三匹の猿がいる。日本的な美徳とされるものである。

　四隅には，北東の池，北西にも小さい池，南西には大きい石，南東には木がある。

　カラスは三匹，猿も三匹，石も三個である。三はダイナミックな数字である。しかも三が三ある。三の二乗の合計九となっている。それぞれの本能的・本質的要素がダイナミックに相互に絡み合い作用しあっていくのかもしれない。

　私のところからトンネルをくぐり抜けて，台座のような石の上に鎮座するホムンクルスとしてのカラスに到るのは，どこか宗教的でヌミノースな感じである。カラスは八咫烏のような導き手かもしれない。石も大地の要素が気の遠くなるような歳月をかけて凝縮したもので人知を超えたものである。橋が私のいるこちら側とあちら側を隔てる「閾」とすると，その左の軸上にいる三匹の猿の日本的美徳「見ざる聞かざる言わざる」は，スイスのような自己主張の強い国民性とは正反対のものであるが，言語上の問題から自己主張できない状況に置かれている（スイスドイツ語が分からない，話せない）私にとっては重要な意味をもつ。「分ってたまるか」という私のAmmann氏への挑戦かもしれない。また，かえって感知するアニミズム（投影性同一視）や直観力がより研ぎ澄まされるのであった。橋でブリッジする右側の石の大きさも掌に入るぐらいの手頃なサイズである。カラスはゴミ漁りをしたり不吉な前触れだったりするネガティブな面だけではなく，知性をもち内なる攻撃性との折り合いをつける際のガイドとなる（八咫烏，上述）。黒化 nigredo

としての黒さをそなえたポジティブなものなのかもしれない。これらを元手に私の変容の旅が始まろうとしている。

図 142　箱庭 2

図 143　箱庭 3

図144（箱庭4）の中央の山から花々が咲き出ている。花々には実がなっており果物として食することもできる。この回で初めて人間（子どもたち）が登場している。中央の山は四つの池に囲まれているが，左右（西と東）に大きな黒いカラスがいる。左右の対のようである。右のカラスの前（中央寄り）と山の奥（北）に，黒い牛にまたがった十牛図のような子どもがいる。手前（南）では食べ物や本に囲まれた子どもたちが踊って遊んでいる。

　左上の池には亀，鯉，鴨が，左下の池には橋が架かって金魚，鴨が，右下の池には鳥居があり小さい緑色の蛇，鯉，金魚が，右上の池には白いイルカ，蛙がいる。

　北の枠上には白い太母像，南（私の手前）の枠上には梟，北東の隅（右上）には犬を伴った原始的な太母像，南西の隅（左下）にはスカラベ，南東の隅（右下）では枠に梯子が架かっている。

　踊り遊ぶ子どもたち，牛にまたがる子どもたち（尋牛）は色とりどりの花々と相俟って陽気で実り豊か playful, fruitful である。ホムンクルスとしてのさまざまな可能性が実り豊かに花開いているのであろうか。カラスはガイドとして左右の軸（前回の橋のライン）上で見守っているのかもしれない。

　図145（箱庭5）は左右両側に青い海が広がっている，手前の陸地から延びる岬のようである。岬の先の中央には水の湧き出る泉があり柘榴か胡桃の皮，水晶，紫のアメジスト，梟が取り囲んでいる。湧き出した水は尾根上を流れ，手前の緑に囲まれたオアシスに繋がっている。オアシスの泉を取り囲むように，果物の籠，息子（ホムンクルス），トマトの籠，私，妻（アニマ）と妻の母（太母）と野菜の籠，妻の父（老賢人）が立っている。北東（右上）の鬼門にはブロックのような石，南西（左下）の裏鬼門にはスカラベが置かれている。鬼門の石は魔除け，裏鬼門のスカラベは幸福を願ってである。

　人体に譬えると，岬は頭から首にかけての，脳からの脊髄の流れで，オアシスは胸腺からハートにかけての胸部のチャクラであるかもしれない。アニマの側の家族である老賢人や太母，つまりアニマに導かれた知恵や男性性と大地の母性や女性性に助けられて，豊かな恵みを享受している。あるいは岬は男根状にも見え，これまでの作品群との違いがある。

図146（箱庭6）は4つの池があるが，それらで抜けた白い砂地に着目すると，頭と顔と両手と胴体のように見える。顔に着目すると，中心の丸い金色のものが入った窪地を口とすると，前回も使われた水晶と紫アメジストが左目，右目に当たるであろう。口の周りを，針鼠・ヤマアラシ，狐，山羊・羊，狼が反時計回りに回っている。右目の上の二つのアメジストと左目の上の透明な石は眉毛でおでこに三つの貝がある。胴体の部分には上下に二つのラインがあり通路になっている。

　右上には鼠，私の干支である虎と兎がいる（虎は兎の前年の干支であるが，私の誕生日が節分より前であるため）。右下にはムーンストーン，左下には翡翠がある。

　顔の中心を回る動物たちは，「イソップ童話」からの連想である。狼は山羊・羊に倒される（「赤ずきん」），山羊・羊は狐に倒される（騙される），狐は針鼠・ヤマアラシに倒される。通常の力関係ではない知恵の物語がそこにある。食物連鎖，生命の循環であろう。顔の中心の口は，見方によれば，臍あるいは丹田のようにも見える。

　手前の私の側からすると，胴体の通路を通って，中心の回転する場，反時計回りに無意識に遡る作業 opus の場に行こうとしているのだろう。その場の中心には金色のものがある。金を得ようとする opus なのだろう。それを見守るかのように目，眉毛，おでこのアイテムがあるのかもしれない。

　図147（箱庭7）は中央のミイラを五匹の蛇が取り囲んでいる。右側には上部に乾いた砂の手形，下部には湿った砂の手形があり，その右下の固まった地盤のところに妻と息子と魚を抱えた青い服の私が並んで立っている。

　ミイラは白い布でぐるぐる巻きになっており，何かを抱えたまま固定されたのだろうか。呪縛されているのか，保護されているのか，孵化しているのか。一般的には永遠の肉体を保つための防腐処置だが，私自身の抱える，封印されたもののような印象がある。クライシスな部分か，家系的に受け継ぐカルマ（業）あるいは運命なのか。前者は無意識，後者は集合的無意識に関連してくるだろう。あるいは両者が絡み合っているかもしれない。

　ミイラを取り巻く大きい青い蛇は箱庭1で東の四神で使われた青龍であ

図 144　箱庭 4

図 145　箱庭 5

図 146　箱庭 6

図 147　箱庭 7

る。緑色の小さい蛇もホムンクルスとして箱庭2，4で使われた。青い大蛇の向きから時計回りである。五匹の蛇が取り囲むことで，ミイラは孵化するのであろうか。あるいは箱庭1で埋められた大蛇が，形を変えて，ミイラとして露呈したのであろうか。蛇の時計回りから，今後も「露呈」が進行するのが予測される。蛇はどこへ行こうとしているのだろう。「露呈」するのに危険性はないのか。

　右側の手形には，入国時の警察証明で指紋を取られ犯罪者扱いされたトラウマが反映している。かなり右側として意識化されているが，深い所で中心のミイラ（埋められた大蛇）と関連していると思われる。右下の手形はアニマの力を借りて水で湿ってより固められてしっかりしたものになってきている。一列に立つ三人のフィギュアはミイラや蛇の方を見ているわけではないが，しっかりと自分たちの立つ地面を直視していることに意味があるだろう。そのことがプロセス（ミイラや蛇の中心化のテーマ）の糸口となっていくかもしれない。また妻と私のフィギュア像は箱庭5から変容している。

　箱庭6の反時計回りが箱庭7の時計回りに反転 enantiodromia したことで，ミイラが現れた，露呈したとも言えよう。ミイラは特別の意味をもつかもしれない。

　図148（箱庭8）は私の左側の Ammann 氏からの撮影である。写真の右側が私の側，手前となる。これも氏の逆転移であろう。以下は私の側から見た左右の記述とする。

　中央は掘られた泉である。周りをアメジストや水晶などの石，紫色の羽根が囲んでいる。右下は馬蹄形の盛り土（土手）によって三角形と小さい円の池が二つに分かれている。盛り土（土手）の中央寄りの根元には白い三日月状の紙があり，私はそこに立っている。右上には女性が白い馬に跨っている。左下には青い大蛇がウロボロスのように輪になっている。

　前回箱庭7で中央にいたミイラの位置が掘り進められている。右上の馬に跨る女性の「馬の泉」Hippocrene としてのセクシャルティと詩的霊感，右下の馬が大地を駆けるための基礎である馬蹄が，その導き手としての推進力になっていると思われる。三日月もダイナミックな感じである。私も，息子と

してこれまで使っていた小さい子どもフィギュアで表され楽しそうである。

　周りを取り囲んでいた青い大蛇は，自らの尻尾を銜えようとする，一匹にて輪となるウロボロスの形で，中心を掘っていく作業を促進しているのかもしれない。

　また中央の泉と右下の二つの池は，地下で繋がって豊かな水脈になっているかもしれない。Ammann 氏から私は詩的霊感を受け，氏が馬に乗っているのかもしれない。あるいは私が氏という馬に乗っているのかもしれない。

　図 149（箱庭 9）はチューリッヒ郊外の山の山頂から望むチューリッヒ湖とチューリッヒ市街地である。

　山頂には太母像が立ち，湖側の山麓には抱擁しあうペアの像と小人から手紙（ラブレター？）を受け取る少年像の私がいる。左上の塔や建物，羽根のあるところが市街地中心部で，湖沿いの観覧車があるのが Stadelhofen の辺りである。右側の湖に大きく懸かっているのが虹である。市街地と山の間にある棘は針鼠あるいはヤマアラシの抜かれた棘である。

　子どもが小さかったため，育児家事に追われて，妻と家族で外出することができなかった。息子が一歳八か月になってベビーカーに乗せて，ようやく郊外へ小旅行することができた。妻にとってはスイスに来てからの初めての家族旅行であった。私にとっても妻にとっても（おそらく息子にとっても）感慨深いものであった。身構えて防衛しなければならない針鼠の棘は抜かれたのである。そして太母の立つ山麓に抱擁し和解するペアが現れて，私には憎しみではなく愛のメッセージが届けられたのかもしれない。

　虹は「天の蛇」あるいは昇華を意味することもあり，心の和解を祝福し，蛇が変容したものかもしれない。

　棘は私自身の内なる棘でもあった。もはや異国にて身構える必要はなくなったのであろうか。

　図 150（箱庭 10）は子どもたちが遊んでいる楽しげな場面である。中央やや上は息子で，三つのトマトの右にもたくさんの食材でままごと遊びや料理をするもう一人の息子がいる。右側にはシーソー遊びをする二人の子ども，

図 148　箱庭 8

図 149　箱庭 9

図 150　箱庭 10

　左側には回転遊具に乗る六人の子どもたちがいる。

　中央の奥では音楽家たちが演奏し，左上の赤と白の対の天使も音楽を奏でている。左上の湖では舟で食物が運ばれている。中央の息子の後ろでは指揮者が全体の音楽の指揮をしているようである。写真には写っていないが，もう一人の天使が右の枠の上にいて，全体を眺めている。

　音楽が演奏され，料理が作られ，遊びのみならず，生き生きと楽しげである。息子の隣のトマトは赤色で，太陽の恵みを受けた生命力を感じさせる新鮮な果実・野菜である。食材も数多く用意され，次々と運ばれている。料理によって食材は形を変え変容し，時間をかけて料理として成熟していく。内なる可能性としてのホムンクルスの息子も，食事をして，遊んで身体を使いながら，楽しみながら成熟していく。

　また同時に，右の意識の側から全体を眺める第三の天使や中央の背後で全体の音楽を指揮する指揮者といった，距離を置いているものもいる。

　前々回より中央を掘り下げたところから，「変容」の可能性としてのホムン

クルス（息子）が現れたのであろうか。遊び心豊かにに生き生きと伸び伸びと楽しめているのが良いのではないか。ただ一方で枠の上から眺めるものや指揮するものがいて，単純に遊びに没頭しているわけではない。見られているという被害感，演じさせられている，踊らされているという被害感があるかもしれない。枠という境界の問題は継続している。

　図151（箱庭11）の制作前，Ammann氏のオフィスへ向かう電車の中で，特にこれといった直接の誘因なく，とめどなく涙が溢れ出た。しばらく駅の待合で休んだ後，オフィスに着いた頃には落ち着いていた。

　左右上下全ての枠上にさまざまなフィギュアが向きもさまざま（内側外側交互）に置かれ，癖のある老獪な男性が運転するクラシック車が右下から左上の海へ向かっている。右真ん中からの道も車のいる分岐点に繋がっているが，右の起点部には「見ざる聞かざる言わざる」の三匹の猿像がある。右上部には指紋で付けられた砂紋の原っぱに子ども像の私が緑色の二つの蛇像を前にして佇んでいる。蛇は一つは上向きに，もう一つは下向きになっていて，後者は頭の部分が砂に埋まっている。左上の海には沖に貝があり，殻の中に水晶ともう一つの小さなアイテムがある。また左下から上へ，車の道とは隔てられた別の機関車が海の方へ向かっている。

　家族で生活しているとはいえ，孤独感は癒されてはいなかった。音楽も，ヴィジョンに呑み込まれないように距離は取りつつも，引き続き聴いて浸っていた。しんどい感じは持続していた。枠の上のさまざまなフィギュアは，枠としての守りというよりは，「注察」するさまざまな観衆たち（老若男女，労働者，僧侶，軍人，芸人，原始人など）といった趣がある。境界の侵害がかなり混沌としたパワフルな形で提示されたと思われる。

　左上の海の水という無意識の方向へ車は向かうが，このまま海へ突っ込んで溺れてしまい，呑み込まれてしまうのだろうか？　老獪な運転手は，老獪な生活の知恵を使って生き延びる術を知っているかもしれない。また日本的美徳「見ざる聞かざる言わざる」も役立つかもしれない。左上の無意識は宗教性の領域である。右下の母性・女性性の領域から車はそちらへ向かっている。エロス・アニマを導き手として，ヌミノースな宗教性へ向かおうとして

いるのか。

　蛇は姿形を変えながら一貫して現れている。上下逆様の二対は裏表である。毒にもなれば薬にもなる。小さい蛇として今後の潜在可能性を示しているのかもしれない。クライシスであると同時に創造性の源になるかもしれない。危険であると同時に豊かな水脈であるかもしれない。

　同じ海の方向へ向かう機関車は，この車とどう違うのであろうか。海に浸かったら，貝の殻の中の水晶などのアイテムは手に入れることができるのだろうか。左下の無意識の領域から左上へ行くには，直接的で短絡的すぎる。車の車道くらいの分岐点や寄り道などの余裕が必要であろう。貝の中のアイテムを手にするには，ざぶんと波を浴びて海の水にどっぷり浸る，もう一段階が必要なようである。

　図152（箱庭12）は図97（#86）の夢のイメージを箱庭で表現したものである。スイスの中のスペインの山で，山の尾根の奥の方から美智子皇后がやって来ている。私は赤い服の女性像で階段を登って尾根に出たところで，愉快なキャラの墨字のメッセージ板を掲げたガイドに迎え入れられる。尾根の先に教会がありそこが展望台になっていて崖下の風景が眺められる。崖下は私の側（手前）から向かって左側に三人の女性がいて踊っている。右側（展望台からは向かって左側）は左側の「在」に対して「非在」で，砂の上に私の指紋の手形だけが付いている。

　右上の島の中央には井戸があり，少年像のトニー・ブレア英国首相（当時）が労働党党首としてたくさんの労働者を引き連れて，井戸を掘っている。

　左真ん中では自転車を前に，赤と白の天使のペアが音楽を奏でている。写真では写っていないが左の枠の上にはピエロがいる。

　左下の湖の隅にはスカラベがいる。右下の湖（海？）の岸辺には貝がある。

　美智子皇后，ブレア首相など超有名人が登場しており，自我肥大を感じさせる。後でAmmann氏に知らされたのだが（他言語で読めなかった），メッセージ板には「あなたは偉大だ」と書かれていたのである。美智子皇后は夢ではウォーキングしていたが，ここではスキーをしておりスピードアップしている。美智子皇后はかつて心労からクライシスになり，故神谷美恵子先生

らの助力を得て，回復したサバイバーである。私にとっては究極の「サバイバー元型」であろう。女性像としての私のアニマは尾根に上がって，ここでの導きに一種の高揚感がある。しかし少し進んで展望台の教会から崖下を少し落ち着いて眺めてみると，「在」の側に三人のアニマが踊っており，スイス入国時に犯罪者扱いされて指紋を取られた手形は「非在」の側にあった。迫害される被害者意識を刺激する手形は自己のアイデンティティの一部でもあったのだが，この眺望からすれば，もう手放してもいい，放念していいものとなった。また左の少女の天使たちはスキーの代わりに自転車を示して応援してくれている。

　一方，右上のブレア首相は男性性である。私の父親は中小町工場を経営しながら自身も働く労働者で，私も労働者階級である。勉強してのし上がろうとしたところはブレア氏と同じかもしれない。ブッシュ大統領に同調してイラク参戦をしたブレア氏は，自ら井戸ならぬ墓穴を掘ったと言えよう。後ろに続く労働者たちから墓穴に放り込まれようとしている。内なる分身であれば，私の無意識や家族的背景といった集合的無意識に絡んだ，父親コンプレックスや攻撃性，境界の問題でもある。そこにクライシスの根っこがあり，その危険性を示している。

　また，左の枠の上にはピエロ，中央にはメッセージ板の愉快な道化がいる。「王様は裸だ」と真実を告げるのは道化である。トリックスターとして全体をひっくり返して活性化し反転，転回させる。茶化しながらユーモアと余裕をもって，クライシス（変性意識状態）を創造性へと変容させるかもしれない。また，そこには笑いだけではなく，憐みと哀しみ，ペーソスがある。道化は Ammann 氏かもしれない。『その男ゾルバ Zorba the Greek』［映画］のラストシーンの浜辺で踊るアンソニー・クイーン演じるゾルバの姿はそういったものだろう。

　ひとは狂気に陥らないためにはリアリズムを必要とする。しかしそのリアリズムは人生や運命の哀しみやペーソスを含んだものなのである。

　なぜスイスにいながら「スペイン」なのであろうか。私はスペインに以下のものを連想する。キリスト教とイスラム教の血で血を洗う対決の最前線，アフリカの暗黒とヨーロッパの光の鬩ぎ合い，中世の異端審問の苛烈さと魔

図 151　箱庭 11

図 152　箱庭 12

女狩り，新大陸植民地での栄光と流血，闘牛，スペイン内戦とフランコの圧政，など「黒と赤」の強烈なコントラストである。Goya の絵にもそれらは表現されている。こころの闇，暗部としての「死の黒」，情熱，血，灼熱の太陽としての「生命の赤」。われわれの議論で言えば，黒化 nigredo の黒と赤化 rubedo の赤であろう。変性意識状態と創造性。死としてのクライシスを経て，そこをくぐり抜けて再生，回復することでもあろう。まさに究極のアニマを導きとして自身のアニマが賦活され，男性性に根付くクライシスをくぐり抜けるプロセス，きっかけや触媒としてのトリックスターたち（巨大に自我膨張したエネルギーを反転させる力技）がここに凝集されていると思われる。

　この後，私は約二か月間体調を崩し教育分析を中断することとなる。家族との関係は改善しつつも，異国での本質的な「孤独感・疎外感」はそれほど強固であったのであろう。

　図 153（箱庭 13）は教育分析再開後初めての作品である。中央に正方形の水の堀（溝）のフレームがあるが，ブロックのフレームが斜めにずれてシフトしている。これらのフレームの内部には何もない，無 empty，空 void である。これらのフレームの上部（私からは奥）には雪だるまを挟んで魔術師が二体いる。これらのフレームの下部（手前）には写真に写っていないが，「見ざる聞かざる言わざる」の三匹の猿像を挟んで鳩（左）と兎（右）がいる。フレームは道でもあり，私の足跡であるかもしれない。
　堀（溝）のフレームが静とすると，ブロックのフレームは動である。静から動へのシフトにズレ difference, discrepancy が生じている。ズレがあるからこそエネルギーが生じるのだろう。フレームの内部が無・空であるからこそ，何でもあり得る，生じ得るのかもしれない。フレームという幾何学的，抽象的な表現であるが，上述の「宇宙時計」（パウリ，註 44）のように，私には重要な意味をもっている。野口整体の野口晴哉[51]が『風邪の効用』で，風

51　野口晴哉著『風邪の効用』ちくま文庫，2003

邪を引いたことでかえって体をリセットできる，ズレを正せることを指摘している。私の今回の休養は「ズレ」を正すチャンスとなったと思われる。

奥の雪だるま（クライシスという冬を司る）と魔術師たちはトリックスターであろう。影 shadow や悪に直面して，圧倒的な心的エネルギーをネガティブなものからポジティブなものに「変容」させるメリクリウスなのである。

手前の猿たちは日本的美徳であり，兎（私の干支でもある，上述）は臆病で聞き耳を立て生き残るための知恵と本能をもっている。鳩は無垢であり，これらはトリックを使わない。

故加藤清先生がセラピーのことを「ズレを正す」「お通し」「収斂」[52] と呼んでいるが，私は自分なりにこの「ズレ」から生じたエネルギーを活用して，本来の自分の在るべき様に近づけて，より生きやすく歩んでいけたらと思っている。「ズレ」は規格から外れたクライシスかもしれないが，それを「正す」プロセスは創造的であるかもしれない。また，それは同時にスピリチュアルなイニシエーション（通過儀礼）でもあろう。

図 154（箱庭 14）では初回で埋められていた大蛇が中央に現れている。もはや埋めて封印する必要はないのであろう。箱庭 2 では水（湖）だけであったのが，その中央に中心の無・空のスペースを保持しながら，反時計回りに丸くなっている。内なる龍といかに付き合うか，直面せざるを得ないのである。

湖の周りを色とりどりの石やビー玉が取り囲み，その外周を緑の木々や赤いリンゴ，金色のアイテムと黄色・緑色・紫色・赤色の羽根がある。黄金色の大蛇（の登場）を祝福しているかのようである。木々は地に足が着いているが，羽根は地に足が着いていない。天と地の両方の要素が必要であろうか。色とりどりのアイテムは綺麗ではあるが，「美」とは何か？ 審美的解決を好む日本人的基底文化や自然観[53] によるものだろうか。スイスにおいて底流するケルト文化のような影響はあるのだろうか。しかし，箱庭 13 までの闇を

52 鈴木康広著『宗教と心理学』創元社，2011, pp.81-83
53 鈴木康広著，前掲書 pp.139-140

くぐり抜けた上での「美」であるので、「醜」「影」「悪」に裏付けられたものであるとは言えよう。

　右側真ん中には少年がハート形のアイテムを挟んで白ワインのボトルと並んでいる。ワインは熟成するのに時間がかかる。（私の内なる）少年はワインと出会い，時間をかけて成熟していくのであろう。少年は時間をかけて「内なる蛇」を，折り合いをつけて自分のものにしていけるであろうか。

図153　箱庭13

図154　箱庭14

図 155（箱庭 15）は中央の島の白い雪の下に再び蛇が埋められている。行きつ戻りつである。雪の上の中央奥には塔があり，時計回りに，息子，小さい緑色の蛇，妻，私，小さい緑色の蛇が輪になっている。島は丸い堀か溝で隔たれており，周りは緑の木々が植わっている。左上には大鷲，写真には写っていないが左下（南西）には鳥と兎，右下（南東）には同じく写っていないが梟と青い鳥と隅には「見ざる聞かざる言わざる」の三匹の猿像，右真ん中（東）には金色のリング殻に入った貝の対がある。その右（東）と左真ん中（西）には大きな木が立っている。

この寒い冬至の時期（21st Dec. 2004）に制作された「雪」に，私は早逝した姉を連想する。乳児期に風邪をこじらせて髄膜炎で冬に亡くなった。埋められた蛇が雪で覆われているのは，この姉を弔う意味もある。箱庭 13 の雪だるまは私の心の闇を「冬の寒さと雪」で襲ったものとして現れたが，「雪の寒さ」は表現型を変え姉の命を奪っていたのである。埋められているのは私の「内なる龍・蛇」であるのだが，何故かそうせざるを得なかった。この死を悼むことが喪の作業であるのだろう。私たち自身の過去に直面する必要があるのだ。姉や私に流れ込んできた原家族（父，母）の集合的無意識と私自身の無意識，私が関わる妻と息子との無意識・集合的無意識，それら全てが集約されているように感じられた。

以前に現れたミイラは，この姉の死とも関連しているかもしれない。

大鷲，梟，青い鳥など鳥が周りを囲んでいるが，天を飛翔し天と繋がりながら，梟の知恵をもって，幸を運んでくれるかもしれない。ヴィーナス誕生のように，貝から金色のリングが得られるかもしれない。

塔もこの小島もある意味，私の新しい家である。箱庭 14 の蛇の環と同様円環をなしている。輪廻の環であり，永遠の環であり，禅の円相のようでもある。曼荼羅かもしれない。過去の酸いも甘いもさまざまな体験を踏まえて，これからの人生・運命は展開していくであろう。

図 156（箱庭 16）は前回の雪に対して火である。中央の島は山のように盛り上げられ，木々の庵的囲いから，火山のように火が噴きだしている。周りをブロックのような大きな石で囲まれているが，左上には小さい金色の蛇と

二体のミイラ，左下には頭に食料を載せて運ぶ黒人たちの列と輪になっている黒人たち，右上には優雅に佇む婦人像，右下には写真では写っていないが，隅の石の上に，小さい緑色の蛇が二匹いる。

　火は「内なる情念」であろうか。魔女狩りの火炙りの裏返しで，「内なる蛇」や「内なるミイラ」すなわち「カルマ（業）やクライシス」を燃やして浄化する，「喪の作業」かもしれない。

　右下（母性領域）の二匹の蛇，左上（宗教性領域）の二体のミイラと金の蛇，左下（無意識領域）の迫害された黒人たち，右上（父性・発達領域）の優雅な女性の知性が「その作業」を見守り，導いているのだろう。

　図157（箱庭17）は右下の白い橋と赤い橋のところが二つの川の源流で，白い橋のかかる川は反時計回りに，赤い橋のかかる川は時計回りに，それぞれ左側（左上，左下）へ流れている。左下の川の水の溜まりはプールのようで，プールサイドに三人の女性とピンククオーツがある。左上の川の溜まりには，蛇，蜻蛉，蠅がいて，二体のミイラに飛びかかろうとしている。その傍に，私と剣をかざす大男がいる。

　左下と左上は，女性性と男性性の折り合いの場であろうか。女性性の方は伸びやかでリラックスしている。男性性の方は，大男はやや大げさで，ミイラや蛇を扱わなければならない。蛇は蜻蛉と蠅を呑み込んで統合するのであろうか。二体のミイラや二匹の昆虫に子どもたちを連想する。喪の作業は続くのである。

　二つの川はペアであり，生命の水が流れる，二つの「卵管」かもしれない。川の流れは直線ではなく迂回しており，周回 circumambulate している。ウロボロスのようでもある。

　図158（箱庭18）では相撲の土俵のような島の上で，東洋の知恵の仙人と西洋の知恵の修道士が出会っている。東洋の仙人は河合隼雄先生のようで，西洋の修道士は肩などに白い鳩がとまっていて聖フランチェスコ・アッシジのようである。二人の間には出会った衝撃波としてのサイキックな波動がある。また島の周りにもサイキックな波動が広がっている。

図 155　箱庭 15

図 156　箱庭 16

　個性化プロセスとユング派教育分析の実際

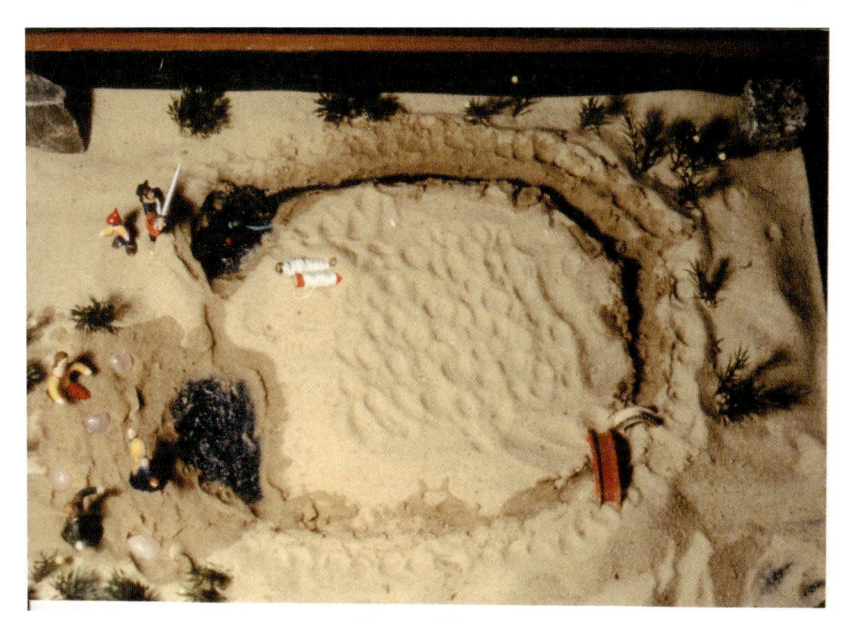

図 157　箱庭 17

図 158　箱庭 18

III　箱庭制作による教育分析—夢分析を超えて—　　［195］

河合隼雄先生が切り拓き提示してきたユング心理学の東洋的・日本的知恵を，私自身がユング研究所に留学して西洋と出会うことによって自分のものにしていかなければならない。河合先生が明恵上人と聖フランチェスコの類似性を指摘したが[54]，私自身の「内なる明恵上人・聖フランチェスコ」を自分のものにしていかなければならない。

　あるいは，これは私と Ammann 氏の「出会い encounter」を意味するかもしれない。箱庭 17 までのプロセスは，この「出会い」の準備段階の表現であったかもしれない。借り物ではない自身の理論を打ち立てる必要性を感じさせる。

　図 159（箱庭 19）はチューリヒの市街地中心部である。中央上の SBB チューリヒ駅から Banhof 通りが中央下のチューリヒ湖に向かって伸びている。通り沿いは繁華街で色とりどりのさまざまな商店や銀行が立ち並ぶ。右下の湖沿いの近郊キュスナハトにあるユング研究所が穴の中の石で表現されている。

　風水の四神，中央上（北）の枠の上に卵を抱えた亀（玄武），左側の虎（白虎），通りの右側（東）の青い蛇（青龍），写真に写っていないが手前（南）の枠の上の卵をもつ鳥（朱雀）が，それぞれいる。

　ユング研究所の穴は風水で言うところの「穴（けつ）」であろう。エネルギースポットである。青龍の右側に卵を抱えた黒い蛇がいるが，市街地から山を越えた東側に位置するので私の暮らすウスターのアパートであろう。

　風水の四神で守られたエネルギースポットで，それぞれの卵を温めて孵化しようとするプロセスが表されている。私はこのようにして自身の可能性である卵を温めているのである。

　箱庭 18 の「出会い」を経て，改めてスイスとそこでの生活を消化吸収assimilate しようとしているのであろう。全体の俯瞰図であると言えよう。

　図 160（箱庭 20）は赤いおべべを羽織った地蔵とトイレの便座である。便

54　河合隼雄，ヨゼフ・ピタウ著『聖地アッシジの対話』藤原書店，2005

座より二筋の尿が流れている。左上には薔薇や果物，羽根など色とりどりのもの，左下には写っていないがトリックスターがいる。右上には黄色いＴシャツを着た私と息子，右下には石が固まって積んである。

赤いおべべの地蔵は「男根状」で，便座の形は「子宮状」である。両者の性的な結合が「豊穣」をもたらすかもしれない。尿が肥やしとなって農地を潤すように。尿は浸透するし，犬が自分のテリトリーをマーキングする匂い付けにもなる。

左側はトリックスターや色とりどりのファリックな象徴的な領域symbolic reality で，右側は石や人など「母なる大地」に根差した具体的な領域 concrete reality かもしれない。それらが中央の男性性と女性性の結合を促進するのである。

排泄物，吐き出したもの，便や尿など汚いものの中に「宝」がある。カウンセリング室は便所でもある。男性性と女性性の結合は，私と Ammann 氏の性的結合を意味するかもしれない。

図 161（箱庭 21）は入り組んだ入江で所々が港になっていて船が停泊している。右真ん中から中央上部には木々が衝立のようにある。入江は洞窟のように入り組んでおり，全体を覆うように，水色，青色，緑色，黄色，赤色の帯がかぶさっている。カラフルなネット・網のようである。図 162（箱庭 21′）が帯を外して，Ammann 氏の側（左側）から見た作品である。氏の逆転移であり，「覆いをあえて取り去った」後である。

私自身の身体の内部の腸や胆嚢など臓器のようでもあり，自身の「内なる洞窟」における停泊地・基地としての「港」を数多く保有していると言えよう。あるいは卵管や子宮内を漂う精子や受精卵かもしれない。図 160（箱庭 20）の性的結合の後に受胎したのである。

カラフルな帯などは生き生きと喜びと生命感を与えている。この頃私はユング研究所の追試験をパスし「中間試験」を合格できた。晴れて，胆嚢にできた（懸念の）胆石が排出した感じであろうか。無論，港の船は胆石ではなく，私にとって今後の内なる旅路に必要なものである。すなわち受精卵かもしれない。

図 159　箱庭 19

図 160　箱庭 20

[198]　個性化プロセスとユング派教育分析の実際

図 161　箱庭 21

図 162　箱庭 21′

氏が撮影の際，カラフルな帯の覆いを取り去るのであるが，私の身体内部を晒すことであり，「見ざる聞かざる言わざる」という私の日本的美徳を尊重していないと思われる。あるいは，氏は受胎を暴いているのである。

　図163（箱庭22）はAmmann氏の側（左側）から見た作品である。私の手前の側（この写真では右側が私の位置）から見ると，中央に火山があり手前の下部に少年の私がいて，奥の上部が海になって船がいる。船は左右の海の間にいて両者を繋ぐ役割を果たしている。少年である私も陸地の真ん中にいて両側の陸地のバランスを取っているようだ。

　陸地の右側（私の側から）には，人魚，フレンチテーブルを囲む司祭と少年とトリックスターたち，ピエロと二人の労働者がいる。陸地の左側には（写真には写っていないが），海辺に船と漁師，「見ざる聞かざる言わざる」の三匹の猿像，日本風の食卓を囲む家族と食べ物，ベビーカーと赤ちゃんがいる。

　西洋的なものと日本的なものの間で，バランスを取りながら，火山の「炎の火」を「変容」のために使おうとしている。ちょうど「料理」において「火」を用いて食材を変容させていくように。日本の食卓で食べられている料理が，味付けや調理法を変えて西洋のテーブルで出されるのを待っているのである。

　この制作時には，Ammann氏はそうは言わなかったが，今なら「船は私よ」と私にコメントするであろうか？

　図164（箱庭23）は赤い舌と下顎の歯である。箱庭22の赤い火が赤い舌に展開したのであろう。どっしりした下顎の多くの歯は，しっかりと人生を噛め，味わえ bite the life ということであろう。

　箱庭22の右側の人魚と左側の赤ちゃんは，より中央下部の私の少年に近づいている。右側には大男や三人の音楽を奏でるピエロが現れ，フレンチテーブルの食卓周辺はより賑やかになっている。左側の日本的食卓の周りの食べ物もより豊富になっている。

　両側からの栄養をしっかりと噛んで，味わって，咀嚼して，消化していかなければならない。

図 165（箱庭 24）は私の手前の少年を写すために，反対の奥の側から見た作品である。上顎の方に舌があり，下顎の方に少年がいる。

スイスに来てから虫歯の治療で，上顎の両奥歯二本を抜歯した。その部分が二つの穴として残っている。しかし下顎の少年の左の奥歯は水晶の歯を得ている。現実には下顎の奥歯は治療していない。

私の手前から見ると，私の右側から，笛を演奏する楽隊と，アメジストの石，機関車が左へ向かっている。左側にはハート形のアイテムと石の上のピンククオーツがある。

箱庭 23 の下顎に，今回は上顎も加えられた。人生をよりよく味わい，嚙むためであろう。抜歯というディオニソス的荒療治は治療として必要だった。休養も含めて，私にとってのイニシエーションであった。休養直前の箱庭 11 で海に直線的に飛び込まんばかりだった機関車は，アメジストの宥め落ち着かせる鎮静作用や，アポロン的音楽の宥めをもって，下顎と上顎の間を抜けて，ハートなどがある無意識領域の左へ向かっているのだろう。

下顎の左奥歯（無意識の左）には貴重な水晶の新しい歯を得た。下顎の右奥歯にはまだ歯はないが，次の歯が来るためのスペースとして確保されているのであろう。

図 166（箱庭 25）はユング研究所のあるキュスナハトの町である。スイスの国鉄 SBB が上部を走っており，右上の駅前には信号や噴水，売店があり人々が集っている。右下の湖（チューリヒ湖）沿いの窪んだ船着き場が，町（ゲマインデ）の公民館を間借りするユング研究所である。駅の下部南側（私の手前側）はチューリッヒ湖に面した広い公園で上下（南北）に川が流れている。公園には緑の大木と卵型の石がある。下部を左へ向かってたくさんの馬たちが駆けている。川には鉄道の橋と小さい赤い橋と木の橋が架かっている。少年像の私は駅前から公園に来て，この木の橋を渡ろうとしている。駅からユング研究所の方へ荷車のついた馬車が向かっている。

無意識の方向である左側に向かう三つのレベルがあるようだ。一つは汽車で向かうもの，二つ目は少年像の私が公園の木の橋を渡るもの，三つ目は湖沿いを馬たちが駆けていくものである。人工物，人間，動物と，より下部に

図 163　箱庭 22

図 164　箱庭 23

図 165　箱庭 24

図 166　箱庭 25

なるほど本能的なものになっている。

　駅とユング研究所は，馬車で繋がっているようで，上記三つのレベルがここでサイキックに連結しているかもしれない。

　私がユング研究所で学ぶことで，これらの三つの異なるレベルでの無意識が活性化され賦活化されているのであろう。次の課題として，川にかかる小さい赤い橋を誰が渡るのであろうか？

　図167（箱庭26）には中華料理店，日本料理店，スイス料理店の三つのレストランがある。中央右手の少年像の私は，まず中華料理店（右）から順番に訪れようとしている。日本料理店は右上，スイス料理店は左上である。

　はっきり写っていないが右下に少年がいて，そこから中央右の少年や左下部の少年の所へ行こうとしている。それらの少年の間にはピンククオーツが一列に並ぶが中央上に一つが飛び出て道標になっている。左下の隅には赤いカーペットの上で座る日本人スタッフたちがいてガイドになっている。右下隅の花（写っていない）とたくさんの食材，三人の労働者が働いているのが中華料理店の領域である。右側の奥には二つの卵を抱えた燕がいる。右上隅の三つの石と寺，五重塔，「見ざる聞かざる言わざる」の三匹の猿像，壺，貝の食材などがあるのが日本料理店の領域である。左上の三つの石，石造りの建物群，パンや野菜などの食材などがあるのがスイス料理店の領域である。

　中華料理店は生き生きと活気があり，安くて美味しく，世界中どこでも生き残れる生命力 vitality がある(世界中の大都市に中華街がある所以である)。三人の労働者は身なりは貧しいが身を粉にして働き，豊富な食材を駆使して店を盛り立てている。一方，日本料理やスイス料理は，洗練されていて高品質ではあるが，値段が高い。

　私はまずは，入り口として中華料理店に入ろうとしている。ハードワークや苦闘を通して美味しい料理を堪能できるかもしれない。燕が運んでくるとされる幸福や豊穣も得られるかもしれない。しかし，まだ日本食とスイス料理は食していないのである。高価でありすぎれば高嶺の花である。日本食とスイス料理も自分のものにしなければならない。日本食とスイス料理も手ごろな値段で食べられるようにするのである。私はスイスに来て以来自身の日

本人としてのルーツに直面してきたが，それを自分のものとして血肉化するには，私は日本料理店とスイス料理店をもっと活気のある店にしていく必要があると思われる（中華料理店のように）。

　ちなみに，この前日の夜の夢では，私はすでに「ミールクーポン（食事の予約券）」を手に入れているのであった。ユング派分析家への切符であろうか？

　図 168（箱庭 27）はコンサートホールである。左側が舞台でオーケストラを指揮者が指揮している。オーケストラの後ろに二人のピエロと四肢不自由者のテナー歌手（ピアノを演奏できる），その後ろに観衆が一列になっている。左上の枠の上で，少年像の私が見ている。テナー歌手は私自身の「障碍者元型」かもしれない。

　四つの薔薇で隔たれて，右側が観客席である。観客は石や貝で表されている。貝は黙って聴いている。明るく楽しく生き生きした感じは，「ミールクーポン」を得たことからの喜びであろうか。

　後述するが，箱庭 104 にてコンサートホールの舞台と観客席の左右が逆転する。

　図 169（箱庭 28）の上部は私の息子が生まれた大阪市の病院や梅田周辺，阪急東通りである。下部は私の実家のある愛知県蒲郡市三谷町の商店街の一角である。

　右上の聖家族教会が病院，その手前の建物が私らが婚姻届を出した区役所である。這い這いしている小人がいて，その前を飲食店が立ち並ぶ阪急東通りを梅田の交差点に向かって左向きに九人の子どもたちの一団が進んでいる。梅田の交差点の手前で少年像の私が子どもたちを迎えている。

　梅田の交差点には，風車のナビオ阪急，駅舎と繋がる阪急百貨店，向かいのミラノ聖堂の阪神百貨店，曽根崎警察署がある。

　私の実家のある三谷町の商店街の一角の交差点には，大叔母の経営する食料品と酒の小売店，電気屋，手前には写っていないがレコード店，時計屋がある。小売店と電気屋の間にもう一人の私が立っている。小売店には食材が

図 167　箱庭 26

図 168　箱庭 27

　個性化プロセスとユング派教育分析の実際

図 169　箱庭 28

溢れ「見ざる聞かざる言わざる」の三匹の猿像がいる。レコード店には歌手とドラマーがいる。食べ物は私に栄養を与え，音楽は情緒を豊かにするであろう。この交差点から右上の方角に私の実家がある。病院と区役所の位置である。実家の故郷で育まれたことが私の社会人になってからの基礎（結婚して子が生まれ，その後）になっているのであろう。私の人生の縮図となっている作品である。

　この九人の子どもたちは，私の息子であり「内なる子ども」である。子どもたちは未来へ向かって進んでいる。私は子どもたちと出会い合流している。次の新たなる旅路に備えているのである。

図 170（箱庭 29）はコロシウムで，少年像の私は，剣をかざすピエロが背後に控えた太った大男と戦っている。元老やマラカスをもつピエロ，ギターをもつピエロなど多くの観衆が見物している。コロシウムの周りを赤い車や救急車が走っている。救急車は見守る Ammann 氏かもしれない。

　コロシウムがひとつの舞台になっていて，箱庭 11 と同様，観衆に監視されている別バージョンであろうか。大男の背後には剣があり危険である。救急車も周りを回っている。

　コロシウムはコンサートホール同様ひとつの「器 vessel」になっている。作業 opus としての化学反応を促進し，卵を温め孵化させる「器」であるかもしれないが，同時に化学反応が暴発する危険性もある。しかし箱庭 11 では枠上にいた観衆がコロシウムの内部のしっかりした観客席に移動したのは救いであろう。周りの車たちも二重の枠になっている。凝縮された安定感は感じられる。これらの「器」はどう変化していくであろうか。（箱庭 104 で後述する。）

　ローマのコロシウム，映画『ベン・ハー』『グラディエーター』などの影響で，私自身を奴隷の剣闘士のサバイバーに投影性同一視している。過去の歴史の話ではなく，here & now で言えば，私自身の置かれている外的現実に対する「内的現実」の表現なのである。

　図 171（箱庭 30）はチューリヒ美術館近くの Rami 通りである。通りの左の先には現実にはチューリヒ大学がある。左下が美術館とインターネットカフェで，その上部にたくさんのロッカーがある。通りを挟んで，少年像の私と妻がいて，ガイドがハートのついた手紙を運んでいる。妻は胃痛などがあり消耗してしんどそうである。その上の背後にはたくさんのインド人がいる。観光客もいれば短期ヴィザで重労働している者もいるようだ。

　ロッカーに何を預けようとしているのか。私の「重荷」を預けたかった。重荷には新しい可能性も含まれる。「新しい可能性」までロックしてしまうのは危険なことである。

　インド人のような労働者階級としての重労働をしている感じが私にはある。妻や私のアニマも同様で，かなり消耗しているのであろう。Ammann 氏

には，チューリヒの日本料理店へ家族で行き，日本食を楽しむことを助言された。情緒・情動 emotion を大切にと。

　図172（箱庭31）はドン・キホーテの「見果てぬ夢」である。右上の二人の少年像は私であり後ろから見ている。馬に乗ったドン・キホーテと従者サンチョが上部の二つの風車に向かっている。二つの風車の後ろにはそれぞれピエロがいる。トリックスターであろうか。左下には土の塊の塔があり色とりどりの羽根がついている。右下には窪地に岩石の塊が固定されている。塔は巨大な風車の別バージョンであろうか。

　ドン・キホーテは風車が化け物に見えて退治すべく猪突猛進に突っ込んでいく。サンチョは主人を宥めながら話し相手になっている。話を聴く心理療法家的役割と言えよう。ドン・キホーテが地に足が着いていないのに対し，サンチョは地に足が着いている。二人は，私がそうした両方の部分をもっていることを表しているかもしれない。風車が化け物に見えるのはトリックであり，幻覚であるかもしれないが，風のエネルギー（風力）により脱穀など物が変容していく。トリックスターのもたらす変容を上手く自分のものとする必要がある。

　下部の羽根の塔と岩の塊は，動と静であろうか。岩の塊が固定されて動かないのに対し，羽根の塔は温泉が噴き出すかのように，スピリチュアルな生命エネルギーが動いて湧き出している。軽い羽根と重い岩との対比でもある。天と地。ドン・キホーテの動とサンチョの静にも対応しよう。

　ドン・キホーテを生んだスペインの赤と黒，生と死の強烈な対照性については上述した。

　私自身の抱える強烈な対照性，相矛盾する「動と静」に折り合いをつけ自分のものにしていくことが，冒頭で述べたドン・キホーテのチャレンジ精神「見果てぬ夢」を叶えることになるであろう。

　図173（箱庭32）は「春が来た」である。中央に白い薔薇があるが，上部は石と貝の冬のイメージで，下部は赤やピンク，黄色の薔薇と緑の草木で春のイメージである。左上には両生類の緑色の蛙や亀，右上には青い鳥と鴨，

図 170　箱庭 29

図 171　箱庭 30

図 172　箱庭 31

図 173　箱庭 32

写っていないが左下にはスカラベ，右下には白馬と河馬がいる。青い鳥など これらの動物は春と幸運をもたらす導き手かもしれない。

　冬は埋められた蛇や私自身のクライシスの「喪の作業」の期間であった。

　長い冬が終わり，私にもようやく春が訪れようとしているのだろうか。島状の全体が墓であり，私へのレクイエムであるかもしれない。白い薔薇は弔いの献花である。この後春休みに家族でイタリアとの国境近くのルガーノの保養地へ旅行に出かけた。

　上下に分割されているが，箱庭98からは左右に分割される。後述する。

　図174（箱庭33）は中央が自宅アパートのベッドルームで盛り上がった土の壁で防御されている。私はベッド脇の二人の少年の所へ外から帰っている。横には赤ちゃんと寝ころぶ少年がいて，右の隣室にも寝ている子どもと見守る人がいる。防御の壁と溝を挟んで，上部左隅には蛙と亀，右隅には二羽の鳥がいる。写っていないが右下隅には二匹の蛇がいる。この頃アパートの壁や天井に湿気から黴が発生した。左下はミイラや棺桶の周りで黴を燃やしている火が燃え上がっている。

　防御の壁は黴や厄に対するもので，火も燃やして厄払いをする浄化のためのものである。故加藤清先生[55] が厄年で自身のカルマ（業）を絶つために先祖の位牌に火をつけて燃やし尽くしたことを連想する。私は黴によって日本から持ち込んだ古い皮のジャケットを失ったが，この後出かけたルガーノにて新しいコートを手に入れることになる。冬を弔い春を呼ぶための「火祭り」の儀式のひとつかもしれない。そこには宗教性がある。

　左下の死の領域に対し，中央のベットルームやリビングルームは生の領域であろうか。生にはエロスと子どもたちの生命力がある。

　図175，176（箱庭34）は春休みの春分の頃に家族旅行したルガーノ湖 Lago di Lugano の Bissone の周辺の風景である。図175 は私の側から見たもので右下が Bissone のホテルである。図176 が左側の Ammann 氏の側から

55　加藤清著『この世とあの世の風通し』春秋社，1988

見たもので向かって正面右寄りに Bissone のホテルの全景が写っている。

　ルガーノ湖を遊覧船で何度も周航したのが楽しい思い出である。Bissone の湖を挟んで向かい側の切り立った山が Salvatore 山，その奥（上部）がルガーノ市街地，右上の入り江の所が古い街並みと狭い通路で歴史を感じさせる Gandria, 右真ん中の港がカジノのあるイタリア領の Campione である。切り立った山と深い湖，その対比。絶妙なものがある。赤い橋のたもとの Melide の遊園地は「スイスミニチュア園」で冬季閉園後の春休みの最初の客が私たち家族だったのである。なんと驚くべきコンステレーション（布置）であろうか。

　私にとって「内なるルガーノ」とは何なのか？　湖が織り成す風景，すなわち「無意識」の派生物を心置きなく楽しめた（enjoy できた）ことに尽きるであろう。今までつらく苦しいことが多かったが，家族ともども「春」を堪能できたのである。息子も二歳六か月になって，これまではせき込み夜泣きすることが多かったが，この旅行を機にそれらは改善された。私の「新しい可能性」もターニングポイントを迎えたと言っていいだろう。

　図 177（箱庭 35）は左側に二つの大きなソフトで優しい土盛りの山のふくらみがあり，乳房のようである。その上部には赤い薔薇と四本の羽根（二本は赤い羽根）といくつかの石がある（一つは赤い石）。その下部（左下）には黒いカラスの一群がかたまっている。

　本能的な軍隊のようである。それらが左下から右上に向かっている。穴の中にいる少年像の私に向かって若いスイス兵やさまざまな職種の人々が一緒に取り囲んでいるようだ。右下にはアメリカ兵と（写っていないが）日本兵，「見ざる聞かざる言わざる」の三匹の猿像がいる。手前では私と妻がそれらを眺めている。

　穴の中にいる私を人々は協力して助け出そうとしているのであろうか。兵隊たちを含めてかなり父性・男性性の働きだが，左下のカラスたちは本能性に基づいている。攻撃性はあるが，生き延びるための（ゴミをあさるなど）知性をもつ，八咫烏のようなガイドであろう。またその原動力は，左上のスピリチュアルなエネルギーや左真ん中の大地の母性・女性性からもたらされ

図 174　箱庭 33

図 175　箱庭 34

図 176　箱庭 34

図 177　箱庭 35

るかもしれない。

　まだ私は助け出されていないのであろうか。観察する私と妻であるアニマがいることから，距離を取って，これらの一団となった集合的な無意識の動きに身を委ねることは続きそうである。

　図178（箱庭36）は双子 twins を表している。山の頂上にカラスと少年がいて左右対称である。それぞれの山のふもとに，赤い天使と白い天使，牛に乗る「尋牛」の少年，スイス人の神父，音楽家，船と緑色の蛇と亀など，左右対称になっている。写真には写っていないが手前には天使，ミイラ，赤ちゃんが置かれ，これらも左右対称である。

　二つの山は乳房のようであり，上の湖と下の湖は，子宮と膣の形のようである。生命を生み出す大地と水の母性を感じさせる。赤ちゃんとミイラなど生と死の両方を含んでいる。これまでの箱庭作品でも緑色の蛇など二つのペアは繰り返し表現されてきた。なぜ二つなのか，ペアなのか。

　私はものごとの二面性，両面性を連想する。上述の議論（Ⅱ章）の如く，善と悪，光と影・闇，神と悪魔，である。神と悪魔は「双子」であった。どちらに転ぶかは分からない相矛盾する両面性を備えたものとして，ものごとは存在するのではなかろうか。あるいは，対は意識と無意識の鬩ぎ合いのように葛藤をもたらす。私自身のもつ攻撃性のテーマも，ネガティブな面とポジティブな面（切る，分析する，主張する，推敲する）の両面性を備えている。対照的な魂でありながら互いに絡み合っているところに，私は運命・宿命に思いをいたすのである。

　図179（箱庭37）の中央から右はウスターの自宅アパートである。貝で囲んだ大鍋にさまざまな食材を入れておでんのように煮込んでいる。妻が調理し，私と息子は見守っている。鍋の横にはフライパンなど他の調理具が置かれている。自室の上部にはピンクの薔薇，赤と白の石，黒の石，別の棟がある。アパートの左側は山へ至る坂道になっていて，妻が先頭に立って私と息子を先導している。

　料理は時間をかけて食材を変容させる。時熟をもって味を深めさせるので

ある。おでんではあらゆる食材が互いの旨味を浸透させしみ込ませ，味が深まっていく。人生という鍋で，生と死も含めたあらゆる要素（喜び，悲しみ，寂しさ，怒り，つらさ，楽しみ，愉快，不愉快など）が煮詰まっていくのであろうか。私たち家族は自宅にて，自分のものとしてそれらを味わおうとしている。別棟のピンクや赤は祝福してくれているようである。ただ時として黒い石の時もあるだろうが。自宅のアパートの壁は厚く守られているようである。

　左の坂道をアニマである妻が先導している。高所に到れば天と地の間の眺め，新しい展望が得られるであろう。自宅で料理を堪能した後，出かけようとしているのかもしれない。どこへ行くのであろうか。まだ今の時点では分からないし，自宅のように守られてはいない。しかし，私にとってこの妻のアニマはポジティブで，今までスイスでの生活では苦労をかけてきたが，今後の妻と家族に対して楽観的な見通しを抱かせるものであった。

　図180（箱庭38）は雪だるまを燃やして春を呼ぶチューリヒのお祭りセクセロイテン Sechseläuten である。つけられた火の回りを馬たちが反時計回りに駆けている。四つの隅にはピンクの薔薇があり，頭の一部のみ写っているが手前の枠の上で私と妻と息子が見物している。まわりのたくさんの石（アメジスト，ピンククオーツなど）も観客である。

　冬が去り，春が来た。火祭りの儀式は古代から行われてきた。私も「内なる浄化の儀式」（火による）を必要としているかもしれない。周りの観客たちも二重の枠として儀式を保護しているようである。箱庭11のような枠の上の観客ではなく，地に足の着いた安定感を感じさせる。

　図181（箱庭39）は私の関係するスイスの湖に焦点をあてたスイス全景である。

　右上がドイツ語圏で大きい湖がチューリヒ湖，小さいのが私たちの住むウスターの Greifensee である。See の近くにアパートがあり，私，妻と息子が佇んでいる。チューリヒ湖の真ん中の湖沿いの石の辺りがユング研究所のあるキュスナハト，湖の上部の三つの石の辺りがチューリッヒ市街地である。

図178　箱庭36

図179　箱庭37

　個性化プロセスとユング派教育分析の実際

図 180　箱庭 38

図 181　箱庭 39

その上部（北側）に小さな泉か井戸がある。

　右下がイタリア語圏のルガーノ湖で七福神の宝船と青いボートが浮かんでいる。

　真ん中の大きな岩石群のスイスアルプスを越えると左下に大きな湖レマン湖がある。この辺りはフランス語圏で，湖の左の石の辺りがジュネーブ，湖沿いのやや右手の石のある港やたくさんのミュージシャンがいる辺りが，ローザンヌやモントルーである。毎年夏になると Montreux Jazz Festival が開催され，私も家族で一回だけ参加した。楽しい思い出である。その後ビジネススクールの学生とその家族のカウンセリングを行いに，毎週末ローザンヌに通うことになる。たくさんのミュージシャンがいて賑やかで活気があり喜びにあふれている。

　ルガーノ湖の方も春休みの楽しい思い出と重なって喜びにあふれている。イタリア語圏とフランス語圏は，真面目で秩序を貴ぶドイツ語圏より喜びにあふれているであろう。ドイツ語圏に住んでそこからこれらを訪れる私には，これらのさまざまな要素が相互作用し影響を与えるであろう。スイスのいろいろな地域を訪ねることは実り多きことである。図 180（箱庭 38）の儀式を経て，視野が広がったのであろう。

　図 182（箱庭 40）は中央で妻と私と息子が，妻の友人二人とその子どもたちと食べ物を囲んで歓談している。周りに車道があり左右上下の四方向に道が繋がっている。右上は日本人の経営する幼稚園で黄色い車が向かっている。左上は小児科病院で奥に修道女がいる。白い車が向かっている。左下は部分的にしか写っていないが屋内のスイミングプールである。右下はアパートの近くの湖 Greifensee で二羽の白鳥とボートが浮かんで屋外プールがある。周りの車道を赤いクラシックカーが走っている。四か所とも私たち家族がよく出かける場所である。

　妻が幼稚園等で知り合った友人とその子どもたちを自宅に招くようになった。歓談して楽しんでいる。いわゆるママ友であろう。異国での生活に今まで苦労してきたが，ようやくスイスの大地に足を着けて grounded，生活を楽しめるようになったのであろう。同時期に車をリース契約で手に入れて，日

常の生活圏もかなり広がったのである。この交差点は曼荼羅状である。

　図183（箱庭41）はアパートの近郊の風景で下部には湖 Greifensee がある。右上は黄色い菜の花畑に囲まれた古い建物 Ritterhus で，赤と白の天使と遊ぶ子どもたちに取り囲まれながら，私たちのアパートの隣人のスイス人が結婚式を挙げている。私たち家族も結婚式に招かれた。そこから赤いクラシックカーの上に乗って少年像の私は Greifensee に向かっている。車には妻と息子も同乗している。湖の左の船着き場で子どもたちが遊んでおり，右の船着き場ではダンスをするカップル，犬，スイス兵，二羽の白鳥，より多くの子どもたちが遊んでいる。

　遊んでいる子どもたちは，私たち自身であるだろう。スイス人の結婚に表されているように，「スイス」というものとそこでの生活を自分のものに「統合」しつつあるのであろう。喜びにあふれて，楽しげに。

　図184（箱庭42）では丘の上の木の下で私は本を読んでいる。丘の斜面は黄色い花々で覆われ，麓はたくさんの食材や料理，調理器具，瓶や壺，ミシン，楽器などに取り囲まれている。

　私にとってこの場所で読書するのは重要な孵化 incubation になっている。自分にとって栄養・滋養となるものに囲まれて，実り多きものである。

　箱庭41の菜の花もそうだったが，なぜ丘の花々は「黄色」なのか。黄色人種，直観の色，日の光，月の光，菜の花，タンポポ，などを私は連想する。私自身のもつ特徴でもあり大事にしていきたいものである。この地で孵化させ育んでいくものであろう。

　図185（箱庭43）は砂で築かれたある種の塔 stupa あるいは砦であり，中央の頂上に向かって道が周回している。中央の塔あるいは砦を取り囲んで上顎と下顎の壁があり，それぞれ奥歯部分が抜歯されている。壁の周りを外回りの道が周回している。外回りの道を五人の子どもが別々に時計回りに進んでいる。壁の内部の内回りの道では二人の子どもが反時計回りに頂上に向かって歩いている。

図 182　箱庭 40

図 183　箱庭 41

　個性化プロセスとユング派教育分析の実際

図 184　箱庭 42

図 185　箱庭 43

周回する circumambulate ことは「個性化のプロセス」に譬えられる。頂上に登って何が得られるのであろうか。天と地の間の眺望は得られよう。人生や自身に対する展望であるかもしれない。このプロセス自体が「自己 Self」へ向かっていくことでもある。上顎と下顎の壁の間が，外回りの道と内回りの道のターニングポイントになっている。抜歯をするといういわば「荒療治」がイニシエーションとして必要だったのではないか。私の場合は，留学，警察証明や郵便物をめぐるトラブル，体調不良による休養などがこれに当たる。ターニングポイントにおいて，道は水平から斜めに（垂直方向へ），時計回りから反時計回りへ，反転 enantiodromia している。明らかな質的転換である。

　またなぜ子どもたちなのか。なぜ七人なのか。私自身の新しい可能性としてのホムンクルス，テレスフォレス Telesphoros，新しい「自己」であろう。子どもは成長し，成熟する。子どもは無邪気に遊び，楽しむ。自発的に，柔軟に，創意工夫して創造的に遊ぶ。遊ぶこと play 自体が創造性 creative である。ユングも次のように指摘している [56]。

　　時は子どもである――子どものように遊んでいる――遊戯盤で遊んでいる――子どもの王国。これがテレスフォルス。この宇宙の暗い領域を歩き通し，深みから星のように輝く。彼は太陽の門と夢の王国に到る道を示す。

　外回りの道を五人の子どもたちがそれぞれ歩み，ターニングポイントに一人いて，もう一人の子どもは内回りの道を歩んでいる。それぞれの段階が私にとって必要であろう。箱庭２の北斗七星のように七人の子どもたちが私を導いていると思われる。ある意味で，この作品は，未完成ながら私の在りようを示す，ある種の「曼荼羅」ではないかと思われる。

　図186（箱庭44）は一階にある自宅アパートの中庭に繋がるテラスである。かなりスペースのあるテラスであるが，引っ越してきて以来二年二か月，今

56　C・G・ユング著，A・ヤッフェ編（氏原寛訳）『ユング―そのイメージとことば』誠信書房，1995, p198

まで家庭の事情によりここで楽しむことはできなかった（楽しむ余裕がなかった）。左下が室内のリビングルームとの出入り口で，私，妻と息子が佇んでいる。左側が室内の台所である。テラスの中央にテーブルと椅子がある。右上の鬼門にあたるところは隣室との境の生垣で，二羽の黒い鳥と一羽の青い鳥がいる。その下に穴があるが，花びら，水晶，便などが埋められている。テーブルと穴の間に猫と鼠の死骸がある。猫がキープした餌として運んできたようだ。右側は芝生で中庭に繋がっている。

　鼠の死骸を見つけた時は驚いたが，長い間人の気配がなかったので，猫は自分の餌の保管場所としていたのであろう。死骸を穴に埋めることから私の喪の作業が始まった。自身の内なるクライシス，内なる龍の「喪の作業」でもあるだろう。テラスを生き生きとしたものにするために。

　鼠とは？　ペストなどを運ぶ地獄・地下世界からの使者だったり，米を食べる害獣だったりする。一方，多産で繁殖力があり，災害時など危険を察知していち早く逃げ出す，生き延びるための知恵をもっている。またこまごま動いてマメである。私の「喪の作業」を通して，こうした本能的なものが，ネガティブなものからポジティブなものへと自身の中で生かされていくかもしれない。そうしてテラスで家族団欒を楽しめるのであろう。

　図187（箱庭45）は右上の自宅アパートと Greifensee のあるウスターの町から山沿いにチューリヒ市街へ至る Forch 通りが上部左右を流れている。山のほぼ頂上に近い Forch の村の分岐点から下部のチューリヒ湖沿いのキュスナハトへ至る道が通っている。左下真ん中寄りにユング研究所とユングの自宅があり，湖沿いに See 通りが走っている。

　チューリヒ市街の kinder spital （小児科病院）へ向かうのか赤いクラシックカーが Forch 通りを左へ走っている。Forch から赤い車が，タンポポや菜の花の黄色い花々の咲き乱れる丘の下り道をキュスナハトの方へ向かっている。See 通りを黄色い車が左へ向かっている。

　Forch は交通の要所でさまざまな方向へ行ける分岐点である。高所にあり眺望も得られる。私は赤い車で Forch に到って，黄色い花々の祝福を得ているような喜びあふれる幸福感がある。そこには何か，スピリチュアルなエネ

図186　箱庭44

ルギーがあるように感じる。上述の如く，黄色は「直観」の色である。私の「直観」が行くべき「道」を導いてくれているのかもしれない。See 通りの「黄色い」車も無意識である左の方向へ向かい，ユング派心理療法家としての道（ユング研究所やユング家で表される）を導いてくれているのかもしれない。

　私にとって「思考」「感情」「感覚」では何を見つけたであろうか？　今後の課題である。

　図188（箱庭46）は上部の湖の手前に二つのテーブルがあり，左のテーブルにはアメリカの共和党の人々が集まり，右のテーブルには同じく民主党の人々が集まっている。左のテーブルの左に立つ老賢人風の人物がブッシュ元大統領（父の方），右のテーブルの真ん中手前に坐る少年像が私である。中央には，両側の梯子に摑まりながら下へ降りる女性がいる。左上の緑の大木や右上の松ぼっくりは全体を保護しているようである。

図 187 箱庭 45

図 188 箱庭 46

イラク戦争はまだ続いており，私はブッシュ元大統領（息子の方）に批判的なので，民主党の方のテーブルについているのだろう。ブッシュ元大統領が父の方であるのは，息子の方の父親コンプレックスであると同時に，私自身の「父親コンプレックス」「権力コンプレックス」を表しているかもしれない。これらのコンプレックスに基づいて政権批判，社会批判をするのは容易なことである。自身の内なる影を直視せずに，外部に悪を投影する。悪いのは奴らだ，敵を倒せ。息子の元大統領がしたことでもある。

　左のテーブルで席が空いているにもかかわらず一人の女性は席に座らずにいる。女性性が男性性の行き過ぎに躊躇しているのであろうか。政権批判・社会批判で自我肥大するのは容易なことである。上昇するのは容易い。「直観」機能にはそれを現実検討なしに助長する危険性がある。一方，梯子を降りる女性には，注意深く一段ずつ，地に足を着けようとしている。大地に根差そうとする安定感がある。この女性性は step by step で吟味・検証していこうとする「感覚」機能であろうか。「直観」でまず動いても「感覚」機能で絶えず検証し修正していくことが必要なようだ。

　図 189（箱庭 47）は大台ケ原である。2000 年前後に私と妻が二人で訪れた思い出の景色である（息子はまだ生まれていない）。左の駐車場から上部の日出ヶ岳へ山道を登り，頂上では美しい眺望と共にたくさんの鳥や蜻蛉に囲まれている。その後立ち枯れの杉の森を抜けて，途中鹿に出くわしながら，八咫烏に導かれた神武天皇像に到る。その先の下部（手前）の大きな岩が突き出ている大蛇嵓の上には妻がいる。時計回りに一回りして駐車場に戻ると，左下の隅には石の上で息子が誕生している。二匹の白い犬と黒い犬がいて，箱庭 45 で走っていた三台の車（赤いクラシックカー，赤い車，黄色い車）がとまっている。

　私はスイス留学前の当時にも，この場所に大変なスピリチュアルなエネルギーを感じたが，このエネルギーが自身の中に息づいていることを改めて認識した。エネルギーは時計回りに循環し，過去から現在そして未来へ向かって確実に流れている。新しい可能性としての息子が誕生し，無意識の旅をくぐり抜けるための三台の車は，エネルギーをチャージされて，スタンバイし

ているのである。

　ちなみに奈良市に在住されていた故河合隼雄先生の『神話と日本人の心』（2003，岩波書店）のブックカバーは「大台ケ原」の風景である。河合先生の著作から多くを学んでいる。

　図 190（箱庭 48）は真ん中が空いている「中空構造」を表現しようとした。左右対称様のフィギュアもあるが，左側には女性のフィギュアが多く，右側には男性のフィギュアが多く，左右（女性性と男性性）でバランスを取っている。

　故河合先生が提起した日本人社会の「中空構造」モデルは，責任の所在，決定の過程があいまいで不明瞭であると，西洋人から批判されてきたが，日本人が直面する課題でもある。日本的交渉術である「根回し」は，徹底的に議論して結論を出そうとする西洋人には理解され難い。しかし，一緒にゴルフをして大浴場で汗を流し，その後一緒に御馳走を共にしていたら，ISAP（チューリッヒにできた新しいユング研究所 International School of Analytical Psychology）と CGJIZürich（キュスナハトのユング研究所）は分裂することはなかっただろうと私は考える。言うは易く行うは難し，であるが。

　私にとって「中空構造」とは何か。「器」としての何でも入る中空を抱えながら，日本人的特性と西洋人的特性の折り合いをつけていくことであろうか。「器」には時には火が燃え上がり，時には水があふれ出すかもしれない。料理の食材のこともあれば，ゴミや大小便かもしれない。中身が何であれ，抱え続ける，動かずそこにどんと構えられることが求められる。動かずに為すという意味では，「無為の為」かもしれない。河合先生の提起を私なりに自分のものにしていく必要があるのではないか。

　この中空構造の作品は，また，ある種の「曼荼羅」様でもある。

　図 191（箱庭 49）は私の実家のある三谷町の八釼神社である。熱田神宮から分祀したヤマトタケルを祀っている。神社の境内は羽の幟が立ち並ぶが，北西の隅に「見ざる聞かざる言わざる」の三匹の猿像がある。祭神は草薙の剣のような剣をもっている。神社の左奥には私の父親が信仰する馬頭観音を

図 189　箱庭 47

図 190　箱庭 48

　個性化プロセスとユング派教育分析の実際

図 191　箱庭 49

祀ったお堂がある。通称「森の観音さん」と呼ばれる。神社の下部（手前）には道を挟んで，私のかかりつけだった小児科医院があり子どもたちが取り囲んでいる。その右側は古本屋，医院の向かいの神社左隣の角地の石の辺りは歯科医院である。

　私が十八歳まで育った故郷で，人格形成のオリジンがここにある。「見ざる聞かざる言わざる」を初めて見たのもこの神社である。日本人的美徳を刷り込まれたと言えよう。剣は三種の神器の一つで，男性性や力を表すのではないか。他の二つ勾玉と鏡が，装身具，目や熟慮や女性性などであるのに対してである。この男性性や力は「攻撃性」でもあり，私がこの「内なる攻撃性」を生涯にわたっての課題としていることに通底する。私の信仰心やスピリチュアリティはこの神社に併せて「森の観音さん」に基づいていると思われる。歯科や医院・病院通い，本好きも生涯にわたって続くテーマなのである。

図192（箱庭50）では上部の大蛇に囲まれた丘にいるのが私で，向かい合って下部（手前）にある三つの丘にそれぞれ女性がおり，真ん中が妻である。左右の丘の女性たちはスイス人と結婚した日本人女性である。私の丘と妻の丘の間に息子がいる。その左右に小さい緑色の蛇が二匹いる。大蛇二匹に対応しているのだろうか。私の丘の大蛇の上部には全裸の原始人夫婦がいる。その右は抱擁するカップル，子を抱く母，赤ちゃんがいる。左上には五重塔，鳥居，小さい仙人，荷を運ぶ仙人，「見ざる聞かざる言わざる」の三匹の猿像がいる。写っていないが下部（手前）の枠の上には，三人のピエロharlequins，道化，別のピエロ，二人の音楽を演奏するマスクで仮装した者などがいて，踊って全体にスピリチュアルなエネルギーを送っている。

　かつては埋められていた大蛇が出現しているが，もはや脅かさないのではないか。生と死，毒と薬の，強烈な本能的なものは，かなり飼い馴らされ手懐けられてポジティブな方向に使われて，私は女性たちと向かい合っているのである。しかも大蛇の切れた尻尾をくっ付けて直している。逆に私を守り寄り添ってくれているかのようである。妻と face to face で向き合っている。エロスの問題，転移逆転移もあろう。

　Ammann 氏には三人の女性が並んでいることについて，他の二人の日本人クライエントに対して責任感を感じすぎで私生活にまで侵害されているのではないか。離婚するかしないかは本人次第で，しない方へ肩入れする必要なない，と指摘された。確かにそうではあるが，私たち夫婦も乗り越えてきたことでもある。その上で向かい合っているのである。二匹の大蛇が私に由来するとすれば，二匹の小さい蛇は息子に関わってくるかもしれない。

　図193（箱庭51）は三つの部分の共鳴，相互作用である。下の円の部分では Oscar Peterson の演奏するピアノのジャズ曲を私が聴いている。右上の円はスイスホルンを演奏するスイス的部分である。左上の円は日本的建造物の数々の前で踊る子どもたちがいる日本的部分である。

　Oscar Peterson はアメリカより黒人への偏見や差別が少ないカナダのジャズピアニストで，脳梗塞により左手が麻痺したがそのハンディキャップを克服したサバイバーである。私の内なるサバイバー元型の一つであろう。そし

て音楽は情動 emotion として人々を結びつける。ピアノ曲からスイスホルンへそして子どもたちの踊りへと，共振・共鳴 resonance していく。私の日本人的アイデンティティとスイス的アイデンティティは音楽，情動を通して一つになっていくかもしれない。

　図194（箱庭52）では右上で建築中の建物が，中央のミイラを囲む調理器具と四人のスイスホルン奏者を経て，左下の田舎の緑豊かな地に水色の屋根の「新しい家」ができている。お茶を楽しむ女性たちや遊ぶ子どもたちもいる。ついに「新しい家」を得たのである。

　中央のミイラと四人のスイスホルン奏者は，外科手術のようなある種のイニシエーションであったのだろう。「死」を通して，料理や音楽で変容させ，「再生」させようとしたのだろう。

　図195（箱庭53）は中央の墳墓のような洞穴に私と虎と兎がいる。手前には井戸がある。墳墓の奥には農夫のような労働者と賢そうな紳士がいる。その奥には雄の孔雀が羽根を広げている。左右両側を女性と子どもたちの四人ずつが囲んでいる。

　墳墓は私を守る墓であり子宮であるかもしれない。生と死，死と再生の「器」であり「家」である。私の干支である兎（敏感で耳聡い）と虎（力強く，自己主張する）など私の両面性を表す本能的なものを伴っている。飲み水の井戸もある（無意識でもある）。箱庭52の新しい家が原初的に変形して表現されたのかもしれない。

　労働者の愚鈍さと紳士の知性は，私が生き延びるのに必要なもので，真ん中の孔雀がエロスとして結びつけている。雌を惹きつけるための広げられた羽根で，その模様の「目」は知恵を意味する。また孔雀は毒を食べる。孔雀から見て，労働者は右脳で感情・感性，紳士は左脳で知性であるかもしれない。下部の墳墓の身体性に対し，この上部は脳の機能のようである。色とりどりに脳の機能を働かせながら，私は原初的な身体性に守られて，生き延びようとしているのである。

図 192　箱庭 50

図 193　箱庭 51

図 194　箱庭 52

図 195　箱庭 53

図 196（箱庭 54）は遅咲きの弘前の桜である。右上の弘前城の石垣の辺り
に本州北限の桜が咲き乱れている。男性と女性がいるが，女性は手を広げて
桜を満喫している。長い冬が終わって喜んでいるのだろう。適応障害 identity
crisis や抑うつ状態をくぐり抜けた開放感がある。知的な男性性に見守られ
てである。

　左下の家々は文明が発達した地域のようだ。少年像の私はそこから弘前の
桜の方へ向かっている。農耕の弥生文化から，東北の縄文文化・狩猟文化へ，
であろうか。弥生文化から縄文文化へより過去に遡り，より無意識の深みへ
至ろうとしている。

　縄文文化・狩猟文化へ近づく私は，また，猟師でもある。足跡から獲物の
においを嗅ぎ，天候の変化など自然への知恵，生き延びるための知恵を備え
ている。また男女のペアのようなサバイバーである「患者・癒し手」（傷つい
た癒し手 wounded healer）元型 [57] をも内に含んでいるのである。

　図 197（箱庭 55）は実家の住居兼工場である。右側の空間が工場で，左側
が事務所，台所，風呂場，トイレ，作業場などになっている。階段を上がっ
て二階に寝室や勉強部屋などがある。

　工場には父や母が重労働で私と妹を育ててくれた「汗と涙」を感じる。あ
りがたいものである。上部真ん中と右上に黒いカラスがいるが，何か畏敬の
念を感じざるを得ない。父母の「汗と涙」によって今日の私があるのであり，
箱庭 52 の「新しい家」を造るのに，このことが役立つと思われる。

　図 198（箱庭 56）の上部は大雪の雪化粧にも関わらず咲く赤い花々，川か
溝を挟んで，下部の台形の丘の上の広場に私と黒い僧服の修道士，演説する
政治家，白い衣装のミュージシャンの四人がいる。

　上部の雪の中の赤い花は私の誕生日一月八日をイメージしている。新年明
けてからの一陽一福，まだ厳冬でありながらも春の訪れを待望する，旧年か
らの新生のイメージである。冬至から数日後の春に近づいた十二月二十五日

57　鈴木康広著『宗教と心理学』創元社，2011, pp.127-130

が救世主キリストの誕生であるように，ユングによると古代エジプトでは一月八日は新年の祝いの日であった[58]。下部の四人は私と同じ誕生日生まれの，明恵上人，小泉首相（当時），エルビス・プレスリーである。内なる分身としての僧侶，政治家，音楽家であろうか。小泉元首相は活動的な改革者でユニーク，音楽好きでプレスリーを愛好したことでも知られる。故河合隼雄先生を文化庁長官に任命したのも彼である。

Guggenbühl-Craig, A. はユング派分析家は内なる「医師」「シャーマン」「僧侶」元型をもつ（他の論者の表現では「癒し手」「シャーマン」「錬金術師」元型）とするが[59]，「医師」である私は，内なる「僧侶」元型として明恵上人をもっているのだろう。私と明恵上人との内的な関わりについては前著（『宗教と心理学』）で既述した。明恵上人はまた時にシャーマン的でもあった。「シャーマン」のもつ直観や詩的霊感・インスピレーションは音楽と関連し，「錬金術師」のもつ変化・変容させ創作する力は，改革する政治と関連するかもしれない。プレスリーはロックの改革者でもある。私が音楽を愛好し，音楽で導かれたのはII章で述べた。私の政治的関心も上述した。音楽と政治は私のアイデンティティに深く根付いている。この意味で私は，内なる「シャーマン」「錬金術師」元型として小泉元首相，エルビス・プレスリーをもっているのかもしれない。

図199（箱庭57）では大きい人型の上に小さい女の子がいる。右の枠の上にそれを観察する観察自我 observing ego がいて，下部（手前）の枠の上には修道女，赤い天使，白い天使，修道女の四人が見守っている。

私は次子が得られるならば女の子が欲しいなと思っていたが，新しい可能性としての女の子かもしれない。箱庭52の新しい家の変形された派生物だ

58　Jung, C.G., William McGuire (Ed.) *Analytical Psychology, Notes of the Seminar given in 1925.* Princeton University Press, 1989, p.104：キリスト教はミトラ教の影響を受けているが，更にはエジプトのオシリス・イシス神話に基づいている。クリスマスは太陽の蘇り・復活を祝うものであり，古代エジプトではバラバラになったオシリスの肉体が発見されたことを祝う日が一月八日であった。

59　A・グッゲンビュール＝クレイグ著（氏原寛訳）「ユング派などいない…しかしやっぱりいる」こころの科学92, 日本評論社，2000, pp.145-147

図196　箱庭 54

図197　箱庭 55

　個性化プロセスとユング派教育分析の実際

図198　箱庭56

図199　箱庭57

ろう。女性性が望まれたことで，箱庭 56 の四人が全員男性であったことに気づいた。男性性ばかりで押し通すのではなく，女性性も忘れてはならない。小泉元首相に物申すとすれば，少なくとも女性性を大事にした「明恵上人の側面を忘れるな」[60] と言いたい。

　図 200（箱庭 58）は仏陀の誕生日四月八日の花祭りである。中央の砂の手は，誕生仏が「天上天下唯我独尊」と唱えて天地を指さしている右手である。その手前の女性と私は右手を挙げている。誕生仏の奥にはマリア像と右手を挙げトーチをかざす自由の女神がいる。周りは花と宝石で仏陀の誕生を祝福している。

　仏陀とは「目覚めた」「悟った」人を意味する。また花祭りでは誕生仏に甘茶をかけて祝う。私なりにこれまでのプロセスで「洞察」を得て，洗礼のように水（甘茶）をかける儀式・イニシエーションによって，新しいスタートや再生を祝おうとしているのかもしれない。

　図 201（箱庭 59）は井戸のような，出臍あるいは子宮のような砂の「器」である。「器」は容れ物 vessel であり，何も入っていない「空」「無」である。箱庭 48 の中空構造の変形 variant であろう。「空」「無」であるからこそ，次に来たるべきものが入ることができる。新しい可能性をもたらす「器」であろう。この中で「変容」が生じるかもしれない。

　周りを色とりどりの 34 個の石，その外側を子どもたちや二対の天使など二十一体のフィギュアが取り囲んでいる。フィギュアは枠内で地に足が着いている。この「器」を守り，祝福しているかのようである。写真には写っていないが，下部（手前）に私はいて見守っている。

　これもまたある種の「曼荼羅」であるかもしれない。

　図 202（箱庭 60）は左側の領域に「十牛図」の少年と牛が二体，闘牛の雄牛が三体いる。右側のより砂が固められた領域に紫の羽根，赤いドレスのヤ

60　例えば，善妙，仏眼仏母など。河合隼雄著『明恵　夢を生きる』京都松柏社，1987

ヌス（両面の顔をもつ）女性，砂の車，それを囲む色とりどりの小さいタイル様のものがある。上部の両側に大きな石があり二台の機関車と列車はブロックされている。写っていないが下部（手前）の中央に私は立っている。

　私は右側において既製品ではない新しい車を手に入れた。ヤヌスは両面をもつトリックスターである。コスメティックな色とりどりはペルソナに関連する自己愛だろう。病的な自己愛は自我肥大に陥るであろうし，健康な自己愛は自尊心や自己肯定感，自信を育み有用である。どちらもあり得る両面性であろう。自我肥大の危険性には留意しなければならない。右側は女性性で感情・感性の右脳にあたるかもしれない。一方，左側では知性・知恵を求める「十牛図」の牛を補償するように男性的な闘牛がいる。これらの牛は雌というより雄だろう。左側は男性性で論理的な左脳にあたるかもしれない。私は真ん中で男性性（左脳）と女性性（右脳）のバランスをとろうとしている。

　しかし，私にとって，上部のブロックしている石を取り除くことが必要であろう。そのことで機関車や列車の連絡の動きが上手くいき，左右の連携がよりスムーズになるかもしれない。

　図 203（箱庭 61）は左下からバスに乗った私が，左上から右へそれから下の中央右寄りにあるバスターミナルにいる妻の所へ向かうところである。ターミナルには街灯とキオスク，二台の赤いバスが停まっている。道沿いの上部の石の衝立が第一バス停留所，バスの近くのガイドである二人の女性のいる所が第二バス停留所である。

　左右の真ん中には卵型のバルーン，バスの右横にもバルーンがある。

　私は，第二バス停留所の女性たちの導き，信号機，第一バス停留所を目印に，回り込んで（いわば周回 circumambulate して）妻（私のアニマでもある）の所へ行こうとしている。バルーンは，上がれば天と地の眺望が得られるが，膨張 inflation でもあり，トリックスター（価値を逆転させるいたずら者）及びサイコポンプ（変幻自在な精神的触媒）である。自我肥大の危険性はあるが，物事を流動的に生き生きとさせる。卵もあり多くの可能性を秘めている。

　私は自我肥大には気を付けなければならないが，楽しむことはできる。そ

図 200　箱庭 58

図 201　箱庭 59

図 202　箱庭 60

図 203　箱庭 61

れは個性化のプロセスを生き生きさせるであろう。

　図204（箱庭62）は右側が水のプールで上下の砂の壁を蔦が覆っている。プールの中の中央右下寄りには蜻蛉がいる。プールの右上にはマリア像がいて，プールの左上下入口（右側との境）には赤色と白色の天使がいる。

　左側の領域には切り株の上に石が置かれお守りのようである。その左に黒色と白色の天使が背中合わせになっていて，まわりに蜂，蠅，蜘蛛などがいる。左上には石，写っていないが左下には石と鈴がある。

　箱庭27ではコンサートホールの観客席側だった右側がプールになっている。無意識の水がより強調され，上述の中空構造や「器」のごとく「空」「無」になったのであろうか。マリアや天使たち（女性性）に守られた無意識の「羊水」の胎児としての蜻蛉 dragon fly には，同時に男性性と聖霊（同じ音読み）spirit が宿っているのかもしれない。蔦で覆われた壁は強化され，しっかりした母性の大地性を感じさせる。

　左側の黒色と白色の天使はヤヌスであり，私の両面性（攻撃性と無垢さ・純真性）を表している。蠅や蚊などがアパートの窓から入れば，私は必死になって叩き潰していた。かなりの怒りや攻撃性である。左上下のファリックな石柱も併せて，私の男性性であろうか。切り株の上の「お守り」は私の攻撃性や怒りを鎮めようとしているのかもしれない。

　箱庭60の右脳（女性性）と左脳（男性性）の変形でもあろう。

　図205（箱庭63）は「ひねり」のある道である。右上のウスターのアパートから左下のチューリヒ市内のチューリヒ大学附属小児病院 kinder spital に白い車で向かっている。上部真ん中の枠の上に抱擁するカップル像があり，その下で貝を囲んで私と妻と息子がいる。

　息子が発熱し咳がひどくなるたびに救急受診したものだ。「病気」には意味があり，そこから学ぶ必要がある。子どもが病気の時には，私たち夫婦は手を結び一緒に戦うことになる。その体験を共有することで団結力が生じる。そのことが必要だったのだろう。

　道にさまざまなアイテムがあるが，車の進行を妨害し遮断しているのでは

ない。「ひねり」もある意味「個性」といったものであろう。私たちの道のり
のユニークさを特徴づけているものである。

　図206（箱庭64）は手前のスペースから私が新聞を抱えて，上部の囲まれ
た場所へ入ろうとしている。下部（手前）では女性が紙に火をつけて燃やそ
うとしている。その上部に二本の幟のような羽根があり別の女性が私の後ろ
にいる。
　上部のブロックや羽根で囲まれた場所には，音楽を奏でる赤色と白色の対
の天使，子どもたちがいる。
　私は知識であり自身の「目」である新聞を持参して「次の教室」へ入ろう
としている。この直前に秋休みを利用して一週間ほどイタリアへ家族旅行し
た。パソコンは持参せず，インターネットのメールや情報は全く利用せず必
要なかった。私は二つの道具，つまり音楽とインターネットを偏愛してきた
が，紙（本，知識，情報）を燃やしていることから，もうインターネットは
必要ないということであろう。音楽は「次の教室」にもまだある（天使など）
のである。
　次のステップへの移行の在りようを予感させる。

　図207（箱庭65）は中央に洞窟があり塀で囲まれている。下部の塀の外側
を私は右へ歩いており，この辺りは貧しく一つ星である。塀の内部の洞窟の
左側から左上にかけては，教会とピサの斜塔があり，トマトやパンなど食材
豊富な四つ星イタリア料理店がある。右上には水車か風車などの建物がある。
その手前に女性がいる。
　洞窟や塀の内部など，私の内なる「無意識」（内的現実）は四つ星で豊かな
のであろう。それに対して私の内なる「塀の外」・外界（外的現実）は一つ星
でそれほど豊かに感じられていないのかもしれない。右上の女性・アニマが
導き手となってこのギャップに折り合いを付かせ reconcile，水車や風車のよ
うに（水や風から動力へ）変容させるかもしれない。

図204　箱庭62

図205　箱庭63

図 206　箱庭 64

図 207　箱庭 65

図 208（箱庭 66）は左上がイタリアのアッシジ，右下が京都の高山寺である。直近にイタリアを家族旅行したこともありアッシジの丘が再現されている。白い鳩が体にとまる聖人が聖フランチェスコ，その手前が教会である。高山寺の方は，右下の手前の方から石水院，金堂の前に蛇と蛙がいて，奥に明恵上人が樹上瞑想した森がある。

　アッシジは弟子が建てたのであろうが人工的な建築物であるのに対して，高山寺は自然と調和している。西洋的アイデンティティと日本的アイデンティティの対比にもなっている。質素な生活をした聖フランチェスコと明恵上人の類似性については上述した。スイスでは Lucern の聖ニクラウス Niklaus von Flüe も清貧で謙虚，自然な生活を送ったことで知られる。ヨーロッパの底流に流れるケルト的 Celtic なアニミズムを保持していたのではないか。明恵上人の「シャーマン」的側面もこのアニミズムに近いのではないかと私は考える。

　私における，上述した，内なる「僧侶元型」「シャーマン元型」が，西洋と日本が並列し鬩ぎ合う形で，ここに表されているのである（高山寺が母国である右下の母・母性の領域に，アッシジが左上の宗教性・精神性の領域に）。

　図 209（箱庭 67）はヴェネチア（ヴェニス）の風景である。家族旅行で訪れた楽しい思い出でもある。左下から中央にかけての大きな島が本島で，ゴンドラで往来する水路（運河）に三つの赤い橋がかかっている。運河の左側の建物は上から順に，ホテル，マルコ・ポーロ宅，教会である。運河の右側には食材豊かなシーフード・レストランがあり，私，妻と息子がイタリア料理を楽しんでいる。右上の小さな島はヴェネチア・ガラスで有名なムラノ島で，二人のガラス職人が作品を制作している。上部と下部の海では，イルカ，銀色の蛇，漁船，ゴンドラなどが航行している。

　水の中の島，水の都である。「無意識」の中に私自身の二つの豊かなベースキャンプ地を築けたのかもしれない。蛇やイルカは，龍神でもあり，水を司る。ゴンドラで島同士や運河を自由に行き来できる。車はなく，静かで環境に優しく平和的である。ヴェネチアの紋章は「翼をもつライオン」であるが，私はライオン頭のアイオーン像を連想する。巻きついた蛇は，銀色の蛇

とイルカの龍神であり，水の要素である。火の要素である豊かなイタリア料理を食することや火で変容するガラス作品を購入することで「翼をもつライオン」を取り入れているかもしれない。正反対のものを統合する個性化のプロセスの変形であろう。また，トーマス・マン原作でルキノ・ビスコンティによって映画化された『ヴェニスに死す』という作品があるが，若きと老い，エロスとタナトスすなわち生と死などの強烈な（正反対の）コントラストがここにはある。

　図210（箱庭68）は丘の大地に八人の人物がテーブルを囲んでいる。中央のテーブルの向かいで椅子に腰かけている少年像が私で，右の空席の椅子の右に立っている神父が樋口和彦先生，赤い服の女性を挟んで，老賢人が池上司先生，テーブル椅子に修道士と少年が座り，その左にスマートで鋭く狡賢い紳士が立っている。私の左横にはもう一人少年がいる。

　池上先生は精神科医・ユング派分析家で日本での私の教育分析家であり，大変お世話になった。私の内に老賢人の知恵を取り入れたであろう。また，樋口先生からは，神学者としての宗教に対する真摯な姿勢と「黒子」shadow organizer として根回しし組織を束ねる知恵（「中空構造」でもある）を内に取り入れた。スマートな紳士の知性も含めて，ここでの人物像は私の内なる分身である。

　しかし，一方で私は現実の池上先生，樋口先生，紳士とは異なる。留学によって自分自身と日本人のルーツに向き合わざるを得ない。その中で，自分で自分の道を見つけなければならないのである。

　図211（箱庭69）は大浴場で私（手前）は他の子どもたちと入浴している。左上には城など三つの大きなホテルがある。道が左から右へ流れているが，分岐点に信号とキオスクがあり，東北地方・縄文文化への玄関口である上野駅のような分岐点 turning point である。大浴場の右に丸い洗礼盤がある。その下に外国人女性がいて，ガラスや陶器のグラスや花瓶，皿，カップなどの器（容れ物）を並べている。左下には労働者と老賢人がいる。

　浴場に浸かることは，無意識にどっぷり浸かることであり，ユングの『転

図 208　箱庭 66

図 209　箱庭 67

図 210　箱庭 68

図 211　箱庭 69

移の心理学』で示されている[61]ように，結合・統合の前段階の（変容のための）イニシエーションである。洗礼も同じことであろう。より本能的な自然を感知する方向へ向かう分岐点に位置して，女性性から器の贈り物をもらっている。ガラスは火と吹き込む空気で職人によって変容し形作られる。また，労働者と老賢人は私のもつ二面性であろう。老賢人はケースワーカーでもあり実践的である。もはや自我肥大した立派な大きなホテルは必要ない。私には身の丈に合った小さな機能的なホテルで十分なのである。

　Ammann 氏も私の変化を指摘している。妻が車を所有してスイスの生活を家族で楽しめるようになったと。

　図 212（箱庭 70）は蟹の上で私，妻，息子を含めた七人が踊っている。手前の少年が私で，左隣が息子，奥の真ん中の大きい手を広げた女性の左隣が妻である。上部のペアの白い鳩を挟んで，赤色と白色の天使がいる。天使は箱庭 64 とは左右逆の位置になっている。右上には緑色の鴨とイルカ，左上には茶色の梟，写っていないが左下には緑色の梟，右下には青色の梟がいる。手前でも二人の女性が踊っている。

　蟹は甲羅で守られているが脱皮して変容する。七人の踊る私たちはこの変容を楽しんで祝福している。七人は上述した（箱庭 2）北斗七星の変形であろうか。天使のペアと手前で踊る二人を除けば，四隅と上部で見守る鳥たち（とイルカ）も計七匹・羽である。蟹の歩みはゆっくりではあるが，一歩一歩堅実である。ユーモラスでもあり余裕を感じる。精神科医の越智啓子氏がパッチ・アダムスの影響から「カニカニ全ては上手くいっている」と自己肯定感・楽観性を促す「カニ踊り」を提唱しているが，そうしたノリと自己肯定感はここでも通底していると思われる。

　図 213（箱庭 71）はシンガポールでマーライオンの代わりの赤い象が左下にいて色とりどりの食材や花の並ぶ商店街がある。私と新人研修医がそこ

61　C・G・ユング著（林道義・磯上恵子訳）『転移の心理学』みすず書房，1989, p.102 絵 4

にいる。中央には六階建てのホテルがあり，屋上に私，息子，妻，美輪明宏（芸能人）ともう一人の子どもがいる。このホテルの敷地と橋で繋がった敷地にもう一つの離れの建物がある。

　シンガポールは私と妻のハネムーンの中継地であり，東洋と西洋の出会う場所 meeting point である。象の鼻が勃起しているようでエロスと生命力がある。新たな結合と統合にエロスを必要としているのであろうか。美輪明宏氏は歌手で霊媒・シャーマンでもある。内なる「シャーマン元型」の音楽・情動や直観が結合・統合に役立つかもしれない。新しい可能性としての新人研修医も現れている。新しい家としてホテルと離れは得ている。

　一方，この六階建てのホテルの制作中，ブロックが不安定で揺れて落ちたりして二度ほど作り直した。大きいホテルで集合的ではあるのだが，離れのこじんまりした小さいホテルの方が安全なのかもしれない。六階 six で第六感 six sense や直観，あるいは sex, sexual なエロスとも関係するかもしれないが，自我肥大する危険性には留意しなければならない。

　二つの敷地は箱庭 67 の二つの島の変形であろう。ビルの上の五人と商店街の二人を合わせれば七人である。姿形を変え同じテーマが反復されているようだ。

　図 214（箱庭 72）はチューリヒ湖をホルゲン Horgen の側（キュスナハトの向かい側）から見たものである。日本人女性の友人がホルゲンに住んでおり私たち家族は時々訪れた。水色の女性がその友人で，背後にキュスナハトのユング研究所やユングの自宅を望むことができる。湖にかかる赤い橋がRapperswil の辺りでその右の Obersee の畔にはボーリンゲンのユングの石造りの別荘を望むこともできる。友人がいて赤色と白色の天使（左右は箱庭 70と同じ）がいるスペースの手前に私と妻と息子がいる。右下の食材の豊富なテーブルに私と女性が座りもう一人の男性が立っている。左下から電車がチューリヒ市内へ向かっていて女性と私の友人の男性が乗っている。それを私が傍で見ている。

　私にとって日頃見慣れている風景を別の視点から見直すというのは新鮮に感じられた。この友人女性のもつアニマをどう生かしていったらいいのか。

図 212　箱庭 70

図 213　箱庭 71

図214　箱庭72

反対側と繋がる電車や赤い橋のように結合する，繋がるという関係性であり，引き返したり反対方向へ進んだりする柔軟性であるかもしれない。下部左右の私を含めた男性二人と女性一人という組み合わせも，私たち家族と同じ組み合わせで，ガイドとして導いていくであろう。

図215（箱庭73）は「無限大」infinityと子どもたちである。数字の8を横にしたこの記号は「無限大」を意味する。右下と左下の隅には「十牛図」の牛が置かれているが，下部の波線は，右下で誕生した赤ちゃんが這い這いして座り立ち，摑まり立ちして，次第に独り立ちして左へ至る航跡を描いている。左下で独り立ちした息子は私と妻と直面している。その横ではシーソーで遊ぶ子どもたちもいる。

　子どもの成長は「無限」の可能性を秘めている。もちろん人間である以上限界もあるであろうが。その成長の航跡を見守ることは重要なことである。私の育ちつつある「新しい可能性」も限界もあろうが，楽観的な希望を抱かせるものであろう。無限の動きとして循環している印象も受ける。メビウスの輪のように左の円を時計回りすれば右の円は反時計回りになる。永遠の循環であろうか。Ammann氏に日常生活の中で何が「動いているのか」と問われたものである。「Psycheであり人生である」と，私は今ならそう答えたい。

　図216（箱庭74）はバスが道を回り込んでいる。写っていないが下部（手前）で私は赤い女性と白いバスに乗ろうとしている。左下から左上へ赤いバス，左上から右へ赤いバスが向かっている。右側には大きい西洋人形の父，母，息子，娘の家族がいる。この家族の辺りに緑の木々が茂っている。バスはこの辺りに到着し，そこからまた折り返して，私たちのいたスタート地点へ戻っていくようだ。

　行く道来る道は，田舎道で単純ではなく，回り込んで周回circumambulateするようだ。大きな西洋人形は私の西洋に対するコンプレックスかもしれない。緑の木々の辺りは西洋と東洋のミーティングポイント（出会う場所）であろうか。

　図217（箱庭75）は空港の出発カウンターである。韓国ソウルの空港らしい。左のカウンターが韓国の大韓航空のチェックイン・カウンターで私と妻はその前にいる。上部には音楽家たちと遊ぶ子どもたちがいる。中央の小さいカウンターは日本航空JALのカウンターで白い布で覆われているが，左のカウンターの通路と繋がっている。写っていないが，左下には通路の外側の

飛行場でジェット機やヘリコプターが停まっている。右側の部分も通路が左側と同じ形でやや小さく，中央寄りの通路にはたくさんの食材と韓国料理店があり他の乗客たちがいる。右の通路の奥には私と韓国女優チェ・ジウ（『冬のソナタ』のヒロイン）ともう一人の三人がいる。

　ソウル Seoul は "soul"（魂）であろうか。私は妻のアニマと共にまさに出発しようとしている。日本人としてのアイデンティティには覆いをかけて，よりヨーロッパに近いユーラシア大陸の空港からである。チェ・ジウは日韓の間の仲介者 mediator であろう。二つの同形の施設は，二つの島や二つの敷地の変形であろう。私は左で音楽を楽しみ子どもと遊ぶことができるし，右では韓国料理で栄養をとり女優と歓談できるのである。日本人は韓国に対してアンビヴァレントである。大陸から伝来した日本文化の祖であり先輩として尊敬する一方，戦前戦中植民地として支配したので見下し，差別する傾向がある。西洋や日本に対しても尊敬と卑下を私はもつ。相矛盾する内なる「アンビヴァレンツ」を，魂の旅路にあたって，私は突き付けられているのである。

　図 218（箱庭 76）は京都から奈良に到る心象風景である。上部は京都駅の駅舎でそこから近鉄京都線と JR 奈良線が宇治川を渡って奈良の方へ伸びている。左の茶色のブロックでできた線路が近鉄京都線で，右の飛び石の線路が JR 奈良線である。JR 奈良線は右下の奈良駅の駅舎と駅前の食材豊かな寿司屋に直接繋がっている。私は近鉄京都線で宇治川を越えた辺りで支線に乗り換えて奈良へ向かおうとしている。しかし向島・槇島の辺りに大きな石があり，その先の線路も途切れている。

　京都から奈良へ，平安京から平城京へ，より古い過去へ遡る，無意識へ浸かっていく道のりであろう。奈良には美味しい寿司屋がありそこで滋養が得られそうだ。近鉄電車の方が新しく速く快適である。JR 電車は古く遅く時代遅れのようである。二通りの「足」を私は内にもっているのだろう。右足と左足，右脳機能と左脳機能かもしれない。奈良へ行って寿司を堪能するには電車を乗り換えねばならない。向島の辺りの石はユング派志向の教員の多い京都文教大学であろう。ユング派分析家になるには乗り越えなければならな

図 215　箱庭 73

図 216　箱庭 74

図 217　箱庭 75

図 218　箱庭 76

いポイントなのであろう。その先には線路がない。近鉄線の支線はJR線に繋がるのであろうか。私は自分で道を切り拓いて行かねばならない。

　図219（箱庭77）は女性の顔である。周りに神聖なオーラがある。私はオーラがモザイク状であることから，この女性はイタリア・ラヴェンナの殉教者Perpetuaまたは Felicitas, あるいはマグラダのマリアではないかと連想する。はっきりした耳からはイシスやハトルHathorの愛やエロスを連想する。口は開いているが，私にはまだ聞き取れていない。

　いずれにせよ，男性原理で抑圧された聖女と女神たちの女性原理である。私はこの女性原理を大事に扱わなければならない。日本の女神アマテラス・太陽神とはまた異なる女性原理である。抑圧され迫害された故の復活を求める魂の叫びであろうか。叫びあるいは囁きを聞き取ることから，まず始めなければなるまい。

　図220（箱庭78）はチューリヒの植物園Botanischerである。池を見下ろす丘の上に私とPeter Ammann氏（Ruthの兄，文化人類学者，ユング派分析家），椅子に座る男と女がいる。右上には赤色と白色の天使の間に聖母マリアがいる。全体に緑の木々と芝生が生い茂っている。

　風水でいうと，右上の鬼門は女性原理で守られている。「穴」（エネルギーが湧き出る）にあたる池の辺りも黄色い薔薇で喜びにあふれている。身体では丹田や女性器にあたろう。箱庭77で得られた内なる女性原理は，教育分析家Ruth Ammann氏への私の転移感情を通して，兄のPeter氏への好印象となって影響を与えている。優しく理解があり支持的supportiveであるという好印象は，男性原理が女性原理によってかなり緩められていると言えよう。

図221（箱庭79）は半島の先の島へ半島から回り込んでいくイメージである。手前に私，妻，息子がいるが，白いバスに乗らず一歩一歩歩いて島の子どもの所へ向かっている。船で行くこともできそうだ。

　島の子どもは一人で孤独である。個性化の過程は本質的に自分と向き合う孤独なプロセスである。しかし私は家族と一緒に共に歩いて出発しようとしている。半島を反時計回りに回り込んで。これも周回 circumambulate の変形であり，この半島のイメージはⅡ章で述べた下北半島（図104）やケベック（図107）のイメージの変形かもしれない。ペニスと受精卵のようでもある。

　私は自身の個性化のプロセスは孤独で自力で切り拓いていると感じがちであるが，実際には家族の協力や助力で成り立っていることが再認識された。

　図222（箱庭80）は「器」vessel, container で「神託」の受信機である。二つの円（上下）の重なり部分が「口のような形」になっている。口であり膣であるかもしれない。上の縁には茶色と緑色の梟，その左右に石，羽根四本がそれぞれある。下の縁には歯として石が並んでいる。器の中央には四個の石に一つの石が乗る形で計五個の石が宗教儀式のように組んである。

　梟は知恵で，羽根は天と繋がろうとする。歯はしっかり人生を噛め，味わえ bite the life ということであろう。五個の石は四プラス一で，完成数の四からプラス一で新しいスタートとしての第五元素を意味するかもしれない。口として栄養を取り入れ，膣として男性を受け入れ子を生みだす。インとアウトの機能をもった，詩的霊感や直観を受信し生み出す「器」なのかもしれない。

図 219　箱庭 77

図 220　箱庭 78

図221　箱庭79

図222　箱庭80

図223（箱庭81）は三層構造になっている。上部の濡れた砂の部分，真ん中の乾いた砂の部分，下部の濡れた砂の部分である。写っていないが右側の縁にそれぞれの部分に対応して，上から下へ紫色の羽根，緑色の羽根，黄色の羽根がある。上部の部分では食べ物を運ぶ人，遊ぶ子どもたち，踊る女性たちを真ん中右手の少年像の私が眺めている。真ん中の部分では左側に皿を運び赤ちゃんを抱くスイスに暮らす日本人妻たちがいて，右側には私の妻が一人でいる。下部の部分では鍬か鋤をもった労働者と少年像の私が面と向かっている。

　私の内なる三層構造であろう。上部の部分はより本能的で，栄養を得，遊びや踊りの喜びを得て生き延びることができる。真ん中の部分は女性性・アニマに関連し，愛や関係性で，日本人妻のようにスイスで生き延びることができる。下部の部分の労働者は，働き者で重労働を厭わず，孤独ではあるが根源的でユニークである。鍬や鋤で自身の道を地道に切り拓いて行くであろう。それぞれの羽根の色も意味がある。ユングのタイプ論の機能で言えば，黄色は直観（註50参照），緑色は感覚，赤色は感情，青色は思考に関連する。下部の労働者が道を切り開く際には直観機能が導きとなるだろう。真ん中の女性性・アニマには感覚機能が助けとなるだろう。紫色は赤色と青色が混ざった変容の色である。食事や遊び，踊りを感情機能で楽しめ，距離を取って眺める思考機能と一体となって変容できるかもしれない。

　図224（箱庭82）は地下茎 rhizome である。私は中心の穴にいるが，それぞれの穴は地下で繋がっている。繋がっている様子を（上部ではあるが）白い帯や糸で表現した。

　無意識は「暗在系」で，集合的無意識のように時空を超えて人類は普遍的に繋がっている。私は中心にいるが，どこの穴，洞窟，部屋にも行くことができる。目に見えないが広大なネットワークシステムなのである。私は内にそうしたネットワークをもっているかもしれない。

図 225（箱庭 83）は私がかつて勤務した奈良市の吉田病院（改築前の）である。右側に近鉄の駅より（踏切を越えて）病院に到る道があり，その左側に古墳（赤田古墳）の丘陵の上に建てられた吉田病院の外来や病棟の建物がコテージ状に建ち並ぶ。手前の入り口から本館と一般外来，精神科外来（柵があり豚小屋・鳥小屋風？）を抜けて少年像の私は坂を上がっている。眼科外来と入院病棟の間に河合隼雄先生が立ち，その奥の脳外科の手術室には山中康裕先生が立っている。

　無論，河合隼雄先生も山中康裕先生も私の内なる分身である。私は両先生から学ばなければならない。河合先生はフルート奏者でエレガントな臨床心理士・心理療法家である。山中先生はもっとワイルドで，芸術的で時に呻吟し歌い，我が道を行くユニークな精神科医・心理療法家である。脳外科手術で腫瘍などを除去することによって脳内にもっとスペースを創り出すであろう。精神科外来の動物小屋ももっとスペースを必要としているのである。

　故臺弘先生が松沢病院を「私の大学」と呼んだことは上述した。吉田病院における一般精神科臨床の経験は，「私の大学」と呼べる私の礎になっているのである。それらをユング派としてどう生かしていくかが問われている。

　図 226（箱庭 84）は中央にいる私と妻が太母のガイドで，右上の奈良を出発して左下の東大阪のビルへ行こうとしている。中央はミーティングポイント（出会いの場所）である。東大阪のビルの一階は食料品のたくさん並んだ活気のあるバザールとレストランやドリンクショップである。ブロックのエレベーターで上がった二階に私の新しい部屋がある。

　新しい部屋，つまり新しい可能性を得ようとしている。バザールやレストランでは人々が行きかい，お喋りし，やり取りして活気がありエネルギッシュで外向的である。教会などの内向性とは対照的である。イタリア料理店や中華料理店であれば，安くて美味しく，生き延びるための生命力や活気に溢れている。奈良が静かな古都であるのに対し，東大阪は人口も多く賑やかである。どちらかと言えば内向的な私にとって転機であるかもしれない。妻や太母のアニマ・女性性がガイドとなって。

図223　箱庭81

図224　箱庭82

図 225　箱庭 83

図 226　箱庭 84

図227（箱庭85）は紀伊半島でありアフリカ大陸である。右上部の川は，アフリカ半島であればアラビア半島沖からスエズ運河にかけてであり，紀伊半島であれば名古屋近郊を流れる揖斐川，長良川，木曽川である。名古屋近郊を実家のある愛知県蒲郡市三谷町の港に見立てると，紀伊半島は蒲郡市の西浦半島にあたるかもしれない。イメージの三重のオーバーラップがある。青い御経を積んだ大きな船が河口を遡ろうとしている。川の上流では水陸両用の小さな船が左へ向かっている。その先の寺の境内に私，妻，息子がいる。水色の紙は私たちの到着を祝う垂れ幕のようだ。半島が紀伊半島であれば，岬に近い石の林立する辺りは熊野であろう。熊野は聖地である。熊野，吉野，奈良，京都は南北一直線上にあるので，私たちのいる寺の辺りは京都か奈良であろう。

　アフリカ大陸であればヨーロッパのスイスへ向かっている。つまりスイス留学である。奈良時代であれば遣唐使であろう。青い御経は私がもつ留学の片道切符である。帰りが保証されているわけではない。ユングの著作集（C. W.）は私にとっては御経や仏典のようなものである。読経をしていると意識が朦朧として「心的水準の低下」abaissement du niveau mental によって無意識のイメージが湧き出てくるのである。留学であれ遣唐使であれ，私たちは垂れ幕で祝福されている。アフリカの奥地あるいは聖地熊野への探検，つまり無意識のさらに奥地への探索が今後の課題であろう。

　図228（箱庭86）は私の故郷三谷町のヨットハーバーと海岸線である。近年三谷祭りの山車の海中渡岸はこの辺りで行われる。左下がヨットハーバーでたくさんのヨットが停留している。海岸線の海辺を見下ろす丘の上のブロック群は建築中であり，その上に松風園，ふきぬき，ひがきやなどの三谷温泉のホテルが立ち並ぶ。赤色と白色の三体の天使のいる所が京人形店である。私は海岸線の船着き場からヨットに乗って，大島，小島を目指している。大島の上には仙人が背中合わせ（反対向き）に二人いる。一人は目幸黙僊先生のようだ。

　箱庭85の三重のイメージの一つが故郷の港町であったことが呼び水になったようだ。ヨットで遊び海水浴をして，無意識にどっぷり浸かる喜びあふ

れるイメージである。故郷の滋養を堪能しながら，新しい建物を建築しようとしている。仙人はなぜ二人なのか。故目幸先生は浄土真宗の僧侶で，「黄金の華の秘密」など仏典の研究者のユング派分析家である。故河合隼雄先生やスピーゲルマン氏と親交があり，私にとって内なる「ユング派分析家」であり「僧侶元型」である。もう一人の仙人は，ヤヌスのような両面の別の分析家として，私は自分のものにしなければなるまい。

　図229（箱庭87）は聖 Niklaus von Flüe の曼荼羅図である。左下の僧侶・神父が聖ニクラウスで，私は上部から眺めている。左上はピラト山で，右側の建築中の建物はウスターにある知的障碍者の施設 Wagerenhof である。仕事の関係からこの施設を訪れた。ローザンヌのビジネススクールの知性的なクライエントたち（後に私がカウンセリングをしに通うことになる）とは対照的であるが，知的障碍者にはハートがある。非言語的に無意識を共有する，すなわち，スイスにて日本語で彼らと話をする感じである。そうしたハートと接していくには，ここでのスピリチュアリティが役立つのではないか。聖ニクラウスの自然と一体となった清貧な「僧侶元型」については上述した。この曼荼羅では内円から外へ向かう三つの△と外円から内へ向かう三つの▽がある。自身に突き付けてくる▽△なのであろうか。キリストを処刑したピラトが成仏できずに彷徨ってようやくこの山に到ったというが，善と悪，因果応報を鋭く突き付けてくる。知性とハート，正反対の△▽でもあろうか。

　図230（箱庭88）は Atzmännig のスキー場である。手前にリフトがあり滑走面がある丘の麓の雪の坂道を私と息子は橇で滑っていて，妻が伴走している。左下は駐車場で，左側ではスイスの音楽家たちが演奏している。
　前週からの雪で自宅アパートの中庭で橇遊びはしたが，スイスに来て三年四か月経って初めて家族でスキー場に出かけた。ようやくスイス生活を楽しめて，地に足が着いてきたと言えようか。

図 227　箱庭 85

図 228　箱庭 86

　個性化プロセスとユング派教育分析の実際

図229　箱庭87

図230　箱庭88

図231（箱庭89）は八重山諸島の黒島である。スイス渡航数年前に妻と出かけた美しい思い出である。

　島の中央に手前から右回りに私，妻，狡賢い紳士，老紳士，女性，二人の子どもたち計七人がいる。周りを美しい花や薔薇，三頭の石垣牛，羽根などが取り囲んでいる。島の左側では亀たちが産卵し，左下では引き潮で美しい珊瑚礁が露呈していて歩くことができる。島の右下には二羽の青い鳥もいる。島の右上には漁師の漁船や石垣島へ向かう船がいる。枠の上には真ん中にそれぞれ，上には貝，写っていないが左，右，下には燕がいる。

　私は新しい美しい豊穣なスピリチュアルなエネルギーを得たようだ。天と地からの地に足の着いた無意識からのメッセージである。燕は何か新しいものを運んできて，亀は新たな卵を産み出している。新しい可能性が自分のものになりつつあるのだろう。

　またこの豊穣な島は私の内なる曼荼羅の変形でもあろう。

　図232（箱庭90）は前回からの南の島のイメージで，私の故郷の港から出航して，手前の沖縄以南の島である石垣島の Club Med に到っている。左に伸びる浜辺で客たちは寝そべり音楽の演奏もあり寛いでいる。右手で私はコテージで食事をしながら歓談している客たちを眺めている。

　南の島は，青い空と海，暖かく太陽や夏のイメージである。（太陽）エネルギーが充満して，人々はそれをチャージし取り入れているのであろう。箱庭89の黒島や私ら夫婦がハネムーンでシンガポールを経由して出かけたモルジブも然りである。

　南の島のイメージが続いて，私はエネルギーをチャージしているのであろう。

　図233（箱庭91）は「イニシエーション」である。斜めからのアングルになっているが，右側が手前である。奥の川の上流から魚が流れてきて手前でジャンプし，陸に上がる際に（マリア像のような原始的な像を中間段階に挟んで）イエス・キリストに変容する。奥の山の上では壺を囲んで七つの火が焚かれている。

2002 年頃前日に見たテレビ番組の影響か，私の見た夢のイメージに基づいている。海外のドキュメンタリー番組でイエスがヨハネに洗礼を受ける場面が私の脳裏に焼き付いていた。魚がイエスに変容する際の顔が，洗礼を受ける時に水に顔を漬けたイエスの顔そのままだったのである。私の自我肥大した「救世主願望」というより，変容の「イニシエーション」である方が，私にはしっくりくる。

　焚かれた火は，上述のチューリヒのセクセロイテンで見られた冬将軍を燃やし春の到来を祝うものや奈良の東大寺のお水取りのように春を招き祝うものかもしれない。川の水と山の火の対比である。お水取りも火によって水を招くのであろう。対立物の結合により，春は新しい生命が芽生えるのであろう。春が来て再生する。キリストも春が来て復活する（復活祭）。魚もキリストのシンボルである。

　私にとって「スイス留学」体験自体がイニシエーションであった。自分がキリストになったとは言わないが，私にとって大変な変容のプロセスであることは，ここにシンボリックに凝縮されて表現されていよう。

　図 234（箱庭 92）は「傷ついた癒し手」wounded healer である。左が「医師元型」，右が「患者元型」である。下部の浜辺に私，妻，息子が立っていて，左右に駆ける（右は茶色と黒色の断片しか写っていないが）馬たちや馬車を眺めている。左の医師はエリートの紳士でボストンのハーバード大学の精神科病棟の脇を歩いている。右の藁小屋のような檻の中には全裸の患者が閉じ込められている。左右に駆ける馬たちは，左右への波に乗って流れに沿っているようである。

　私の内なる「医師元型」は知識に満ちた知性的な紳士である。一方，私の先祖に盲目となりバラックで生活した方もいるのだが，内なる「患者元型」は原始的で弱々しく過敏で，生き残るのに精一杯である。しかし自然の知恵や本能をもつ生命力は感じさせる。私は両面をもつ。その相互作用，鬩ぎ合いが葛藤を産み出し，私は苦闘せざるを得ない。ある意味，運命でもある。下部の左右への本能的な流れや波は，そうした運命を表すのかもしれない。アニマ（妻）や新しい可能性（息子）の力をかりて，左脳的知識・知性と右脳

図 231　箱庭 89

図 232　箱庭 90

　個性化プロセスとユング派教育分析の実際

図 233　箱庭 91

図 234　箱庭 92

的知恵・本能を活用しながら，私は運命の前に立ち尽くし挑んでいくのである。

　図235（箱庭93）は建物の内部の中央のテーブル横に私と妻がいる。食材が豊富に用意され，左下で女性シェフがたくさんの食材を前に，調理台に包丁，鍋，フライパンを用意して料理をしている。建物の右上の外側の通りで，男性ベテランシェフが露店でパンや魚を扱っている。通りすがりの人にも挨拶代わりに食材（料理）をくれるようだ。左上の卵（卵子）には二つの精子がまさに入らんとして受精しようとしている。

　建物の内部も豊かで豊穣だが，外部の露店もかなり豊かで，内と外の相互作用もあって，外部のシェフも有力なガイドであるようだ。料理，調理，レストランとは何か。火によって変容し，成熟する。そして美味しい食事を楽しむことができる。集合的な場所での栄養であり，豊かな関係性をもつこと，コミュニティの形成である。内外のシェフと妻のアニマを導き手として，私は豊かな「変容」を堪能しようとしている。ちょうど卵子が精子を受精して，受精卵にまさに成らんとするように。二つの精子は二つの可能性であろう。受精するのはどちらか一つかもしれないし，上述の如く善悪二面性（双子としての善と悪）かもしれない。内の女性シェフ（女性性）と外の男性シェフ（男性性）かもしれない。

　図236（箱庭94）は全体が雪で覆われているが，私が学んでいる場所のイメージである。中央の赤ちゃんと湖沿いの棺桶の上のミイラの場所はユング研究所のあるキュスナハトである。猫が歩いている。赤ちゃんの奥（上部）の丘の上に大きな卵があり七つのピースが取り囲んでいる。丘の右横には木があり青い鳥が留まっている。右の湖沿いはユングの石の塔の別荘があるボーリンゲンである。はっきり写っていないが左の湖沿いは，私が週一回学生らに対し出張カウンセリングを行っていたビジネススクールのあるローザンヌである。ローザンヌとキュスナハトの間の Kindhausen の丘の上にある建物が Ammann 氏の自宅である。

　いずれの場所も私にとって重要な所縁の場所である。ユング研究所の棺桶，

ミイラと赤ちゃん，卵は私にとって「死と再生」のイニシエーションである。全体は雪で覆われているが，やがて溶けては春がやって来る。「再生」への儀式でもあろう。猫や青い鳥はメッセージを運んで来よう。七つのピースは儀式を見守り，卵を孵化する，上述の北斗七星の変形であろう。Ammann 氏の自宅にこの建物のフィギュアを選んだが，何の建物かは知らずに無意識に選んだ。後で知ったことだが，このフィギュアはキリストの生まれた馬小屋（厩戸）であった。私は箱庭制作による教育分析がいかに重要であるかを再認識した。

図237（箱庭95）は教育学部臨床心理学科の建物で，中央のオフィスで河合隼雄先生が電話をしている。少年像の私は右からオフィスに近づいている。右上の大きい部屋には女性がいて電話がある。左上は大きい図書室あるいは本屋で，机の上に山中康裕先生監訳の『悪について』の本が置いてある。山中先生は不在である。手前ははっきり写っていないが，臨床心理学科の共同研究室か事務室で，ドリンクパーティがあったようで料理や瓶が並んでいる。

なぜ山中先生は不在なのか。私は中央の故河合先生の方を目指している。私にとって河合先生と比べると，山中先生はより芸術的で情熱的であるが，やや攻撃的で大げさなところがあるように思われる。河合先生の方が知的に洗練されよりエレガントではないか。しかし，内なる分身としての影shadowである『悪について』は私の中にもっているのである。いかに自分のものにしていくかであろう。ブロックされたこれらの部屋は隙間もあり，相通じあい，動いていくであろう。

図238（箱庭96）はあらかじめ何を造ろうとイメージせず手の動きに任せた作品である。

中央を顔に見立てると，左右の貝は耳で，奥の上部の黄色い薔薇と緑の木々は，祝福の花飾りかまたは茨の冠である。顔の左右に手形があり，手前の下部から両手が伸びている。顔の下部に二つの貝があり，少ししか写っていないが赤いハートが真ん中にある。二つの貝は乳首か肺であろう。

私はこの抽象的な自画像で自身に直面している。耳や手によって，私は聞

図235　箱庭93

図236　箱庭94

　個性化プロセスとユング派教育分析の実際

図 237　箱庭 95

図 238　箱庭 96

くことができるし手触りで感触を確かめることができる。私の人生は，花飾りそして茨の冠のような美しくかつ苦難に満ちた，両方の側面を含んでいる。Ammann 氏はスイスの格言をフィードバックした。「人生は美しい，だから私は泣かなければならない」。人生とはそうしたものだろう。私は，波乱万丈の，そうした人生を苦しみかつ享受しているのである。

　図 239（箱庭 97）は中央の中空の周りを人々のフィギュアと水と火の狼煙が二重に取り囲んでいる。左上と右下（写っていないが）の隅には井戸があり，右上の隅の木には赤二つ，白一つ，石一つが吊るされている。写っていないが右下の隅には焚火がある。

　　中央の空間 empty space は無であり空であり，上述の中空構造であろう。無・空であるが故に新しい何かを入れるためのスペースでもあり，その意味で，可能性の「充満」であり，プレロマ Pleroma[62]（無と充満）かもしれない。

　　取り囲む人々は労働者，羊飼い，修道女，白と赤の天使，子ども，赤ちゃん，女性，イエス，兵士，水汲みなどで内向き（中央向き）や外向きなどさまざまであるが，作品 11 では枠の上で囲んでいたのが，ここでは中央近くの内円として囲んでいて地に足が着いて安定感がある。その外円の水と火の狼煙も，水と火という対立物の結合である。右下（母性領域）の井戸と左上（宗教性領域）の井戸は中央の水と地下で繋がっているかもしれない。水と火の統合のテーマは，後述の作品 126，127 でも繰り返される。プレロマもまた，無と充満という対立物の結合である。

　　右上（父性領域）の木に吊るされたアイテムは生贄・犠牲であるかもしれない。私自身の内なる攻撃性などとの折り合いが求められ，（個性化の果実との）引き換えとされているのではないか。

　　この作品も，ある種の曼荼羅の変形であろう。

　図 240（箱庭 98）は 2006 年春分に作成した「春が来た」（箱庭 32）と同

62　C・G・ユング著，A・ヤッフェ編（河合隼雄，藤縄昭，出井淑子訳）『ユング自伝2』みすず書房，1973，p.244
　　C・G・ユング著（河合俊雄監訳）『赤の書』創元社，2009，p.387 ～

じイメージである。右半分側の枠の内側に黄色の帯で昼の世界を表現し，赤い薔薇を並べた。中央の島の右側にも黄金の太陽を置き，左側には銀色の月や星を置いた。左半分側は夜の世界を表現し，春分で昼の時間と夜の時間が半々であることを表した。

　ほぼ一年前の作品 32「春が来た」の島が春と冬の上下に分割されたものだったものが，ここでは昼と夜の左右に分割されたものになっている。春はもうかなり自分のものになったのではないか。右の意識と左の無意識も半々でバランスもとれている。左右に分割されたものは後述の箱庭 103 でも見られる。

　この島も曼荼羅の変形であろう。

　図 241（箱庭 99）は中央のシーソーの子どもたちの右横で私は息子と遊んでいる。私たちの上の池では卵から亀が生まれている。花々や卵が全体に散りばめられている。幾つかの池の横には穴が開いている。子どもたちは自由に自発的に伸びやかに遊び，兎の穴に卵を隠す復活祭のお祭りを楽しんでいる。隠して見つける，隠れて現れる，かくれんぼの一種であり，再生と復活のメタファーでもあるだろう。春を喜ぶ復活祭の時期ともパラレルである。

　日常生活における喜びと楽しみが表現されている。遊びは柔軟で伸びやかで，ここには障害物はなくスムーズに流れている。

　図 242（箱庭 100）は太母 Great Mother である。左右の丘が大きな乳房で，その上（奥）が顔ないしは頭であろう。顔の中央の玉は口ないしはチャクラかもしれない。右の乳房の上には私がいて，左の乳房の下部は穴が開いていて息子がいる。両胸の下（手前）の穴の開いた切り株様のものは臍ないしは丹田のチャクラかもしれない。左右の周りは，羽根，ピンククオーツ，色とりどりの石で囲まれ，右上には兎，写っていないが左下にも二匹の兎，左上にはコウノトリ，右下には卵から生まれる亀がいる。

　大きな胸をもった太母は，私にとって重要なものである。それは「基本的信頼感」basic trust であり，遊びは「基本的信頼感」に基づいてこそ可能である。現実検討能力や自我の強さも関係してくるだろう。遊びという余裕や

図 239　箱庭 97

図 240　箱庭 98

[282]　個性化プロセスとユング派教育分析の実際

図 241　箱庭 99

図 242　箱庭 100

自由もそこから生まれてくる。私なりにこうした内なる太母をもてたことが，私の回復 recovery を示していよう。

箱庭療法の創始者，太母である D. Kalff 女史は「母子一体性」を重視し，箱庭作品に現れる兎を重視した（生け贄であり，豊穣で「復活」のシンボルであろうか）ことを付記しておく。D. Kalff 女史に教育分析を受けた Ammann 氏への転移もあろうが，私も脈々とこの流れを引き継いでいると言えよう。

図 243（箱庭 101）は波に乗るイルカたちである。右の一匹はオルカかもしれない。はっきり写っていないが，右下には卵と鳥の傍に，私，妻，息子の私たち家族がいる。左上から右下にかけての波に乗って青いイルカの後ろから七福神の乗る宝船が，私たちの方へ向かってきている。

波がスムーズに流れ，動き，その流れに上手く乗っている感じで，私は快適で心地よさを感じた。私にとってイルカは幸運や癒しをもたらすシンボルである。一匹は獰猛なオルカかもしれないが，それも必要なのであろう。海は母なる子宮・羊水でもあり，私は包まれている抱擁力を感じさせられた。

図 244（箱庭 102）は再びチューリヒ湖周辺の風景である。湖の左上がチューリヒ市街地で，湖の真ん中上辺りがキュスナハトのユング研究所である。右上隅が私の住むウスターである。湖の下の方はユング研究所の対岸のホルゲンで，私，妻，息子を含めた大勢の人（さまざまな職種）がマリア像と湖に向かい合っている。その湖沿いの脇にはたくさんの卵や魚が供えられている。左上の隅には穴が開いていて，二人の子どもが遊んでいる。写っていないが右下の隅にも穴が開いている。

ユング研究所を対岸の別の視点から見る，箱庭 72 の変形であろう。ISAPとの分裂騒ぎもあり，ユング研究所の辺りは人気がなくエネルギーを失っている。むしろ私たちのいる対岸の方が活気がある。ホルゲンには日本人の友人がいて，日常生活での豊かな付き合いがある。日常生活を楽しみ，消化吸収することの方が大事なのであろう。左上で子どもたちが穴でかくれんぼで遊んでいる。この穴は，チューリヒ湖が胃袋だとすれば，口かもしれない。右下の穴は肛門で，口・胃・肛門と消化管になっているのだろう。私は，チ

ューリヒ，キュスナハト，ウスター，ホルゲンといった日常生活を消化して自分のものにしていかねばならない。

　図245（箱庭103）は左右の波の鬩ぎ合いの波打ち際である。左側は左真ん中に三日月があり，白い雪と石に覆われ，二羽の黒いカラスとオルカ，サメがいる冬である。右側は（写っていないが）右真ん中に太陽があり，花と綺麗な玉が散在し，燕や白いイルカたちがいる春である。鬩ぎ合いの波打ち際には上と下（下は写っていない）に魚が飛び跳ねている。

　右側が春（太陽，光，善）で左側が冬（三日月，闇，悪）の左右に分割されている箱庭作品98の変形であろう。両側の波は打ち寄せたり，退いたり，行ったり来たりの鬩ぎ合いをしている。覆ったと思えば退くといった具合である。両側は相互に行き来し影響しあっている。私の内部に両方の側面を抱え，心の中で両面が鬩ぎ合っているのであろう。飛び跳ねる波打ち際の魚は，境界線上にいて，両面を仲介するトリックスターかもしれない。魚は，鮭のように川から海へそして産卵のために再び川へ遡上したり，鰤・ハマチ・鱸の出世魚のように変容する。上述の如く，キリストのシンボルでもあった。両面を統合するというより，いかにこの鬩ぎ合いを抱えられるかが，私の内なる課題ではないか。

　この左右の分割は箱庭121で左右逆転する。後述する。

　図246（箱庭104）はコンサートホールである。しっかり守られた器のような小振りのホールである。私はホールの右側の舞台の演奏者の後ろの縁でコンサートを見ている。その脇の右にはピンク，赤，黄色の薔薇がある。舞台には女性と四人のスイス人演奏者がいて，両脇には赤と白の天使がいる。観客はさまざまな人々である。ホールの外部は白い雪と石で厳しい環境のようである。

　箱庭27とは舞台と観客席の位置が左右逆転している。私の位置も，箱庭27では左上の枠の上であったが，ここでは内部のホールの右側の縁になっている。ホール自体と私の立ち位置が，より守られた感じになっている。箱庭29では血塗られた格闘場のコロシウムだったものが，守られた器vesselに変

図243　箱庭101

図244　箱庭102

図 245　箱庭 103

図 246　箱庭 104

容している。私の精神状態のかなりの改善と安定性を示すものであろう。ホールの分厚い器は，卵のようでもあり子宮のようでもある。外部の寒さに関わらず，内部の卵が孵化 incubate されて，イースター・エッグのように復活するのであろうか。冬から春へ。右側の薔薇のように。

　図247（箱庭105）は大きい馬蹄形のテーブルで，真ん中上（奥）の窪んだところに古代の原初的女神がいて，その背後にイエス・キリストがいる。テーブルの下（手前）の左右のところのブロックはまだ建設中であるようだ。あるいはブロックはパン bread で，このテーブルはキリストが中心に座る最後の晩餐の場面かもしれない。

　私は制作中，テーブルの真ん中上の窪んだところにある人物のイメージが湧いたが，男性であるのか女性であるのかはっきりせず，何か畏敬の念，聖なるものを感じた。ヌミノースなものであり，原初的女神とキリストを一緒にそこに表現した。私にとっては，このイメージは神託のように感じられた。私にとって，自己 Self であるかもしれない。

　馬蹄は馬が駆けるには必要な大地の要素であり，馬蹄形はまだ半円である。円になるにはもう半円を必要とする。本能的な駆出力をもって，もう半円を建設していく必要があろう。最後の晩餐はキリストの死への準備である。しかし同時に復活への布石でもあった。長く厳しい冬を駆け抜けて，春を待望する，伸びやかさとしなやかさが，この馬蹄形のテーブルにはある。

　図248（箱庭106）は二本の桜の樹である。中央の円の中の紅白の花びらの桜の樹はアパートの中庭に咲くもので，私，妻と息子が右寄りから見ている。左下に紅白の花びらのもう一本の桜の樹があり，私ともう一人の子どもが左下で眺めている。

　下部（手前）の左右に赤や黄色の玉や薔薇が広がり，陽 yang であるのに対し，上部（奥）の左右は石やビー玉が広がり，陰 yin である。箱庭32の上下に分割された手前の春，奥の冬に対応するかもしれない。

　中央の桜は，箱庭104の器の中から孵化されて咲いたのかもしれない。私たちはそれを見守っている。日本では桜は愛でられ春の到来を告げる重要な

シンボルである。またその散り際も愛でられ，過ぎ去るもの passing by という日本人の無常観，ペーソスにも繋がっている。ある意味，「死と再生」である。同じテーマが形を変え繰り返し現れているのではあるまいか。左下の無意識領域の桜は，私の無意識が実り多く花を咲かしていることを暗示させるものである。

　図 249（箱庭 107）は花見の宴会のようだが，Dr. Guggenbühl の最終事例検討会の打ち上げである。中央の紅白の桜の樹と枯れ木の間に，Guggenbühl 先生が立ち，周りを少年像の私を含め，ユング研究所の学生たちが料理と一緒に取り囲んでいる。更に紅白の狼煙が周りを取り囲み，その外苑を四匹の蛇が上下左右に反時計回りに取り囲んでいる。

　故 Guggenbühl 先生が体調不良のため引退を決意された際，最後となったコロキアで有志の学生が持ち寄りで料理を持参し，打ち上げを行った。美しくも悲しい。葬式で故人を偲んで飲み食いするのと同様であろう。先生への喪の作業でもあろう。

　枯れ木と満開の桜は，対照的で，死と再生である。しかし，四匹の蛇のように脱皮して変容，新生する。先生の立ち位置は，枯れ木と桜の間で，その意味での通過点なのである。私の教育分析のプロセスは，まさに通過点・分岐点を迎え，次のステップへ向かおうとしているかもしれない。

　図 250（箱庭 108）は実家の近くの風景で，私は母と出会っている。私は右側にある公園の中の新しい家に向かう途中，交差路の手前で母に偶然出くわした。母は私に会釈して，新しい家に導いてくれているようだった。

　母が脳動脈瘤破裂で倒れたため一時帰国したが，病状が少し安定したため再びスイスへ戻った。私はその頃見た夢のイメージを箱庭作品で表現した。この制作の四日後母は息を引き取った。母の存命中の，私と母の最期の出会いである。この後，母の葬儀に参列するために日本に帰国するが，六年ぶりに家族全員が揃う貴重な機会となった。そうした機会を亡き母が与えてくれたのだろう。

　文字通りの太母 Great Mother の喪失ではあるが，母は新しい家を示してく

図 247　箱庭 105

図 248　箱庭 106

　個性化プロセスとユング派教育分析の実際

図 249　箱庭 107

図 250　箱庭 108

れた。母の導きに従って，新しい家を自分のものとしなければならない。

　図 251，252（箱庭 109）は母の喪の作業である。
　図 251（箱庭 109），下の図 252 は別の角度から。

　制作後，Ammann 氏も次の予約があったのだがしばらく作品をこのまま片付けずに置いておくと言明し，一緒に喪の作業をしてくれた。
　死後十八日目でまだ四十九日にまで至らない中陰 bar do の時期であった。中陰の期間に死者は新しい赤ちゃんに生まれ変わると言われている。墓 tomb に横たわる死者であると同時に，子宮 womb に育まれる胎児であるかもしれない。

図253（箱庭110）は真ん中の川を私は進んでいる。川の左にはもう一人先に行く人がいる。川の上下（奥，手前）に井戸，洗礼盤などの器，石の組んだもの，ストーンサークル，祠などがある。

　石や祠は墓で，高い石柱は天と地と繋がり，井戸は地表と地下で繋がり，さまざまな「器」として，私にインスピレーション（神託）を与えている。

　畏怖の念，聖なるもの，神聖な感じ，ヌミノースな印象を私は抱いた。まだ中陰の時期である。亡き母は依然，天と地の間を漂っているかもしれない。移行期である。私も上下の間の移行的な位置で，渡河するのではなく川に浸っている。まだ喪の作業は続いているのであろう。

　図254（箱庭111）は奈良県の大峰山，天川村，弥山などの聖地である。三段の山の頂上には御堂があり黒い仏陀像がある。横の紙に「鈴木（介介）」と墨字で書かれている。二段目のところの右と左に役行者（大峰山）と弁財天（天河神社）が彫り込まれている。一段目の手前には，三つの細長い石柱が立っているが，三体の仏像である。

　スピリチュアルな，ヌミノースなイメージが続いている。母の死やその喪の作業，中陰に私の無意識が刺激され活性化されているのであろう。突き詰めていくと，こうした未知の全体性や神性といった宗教性に到るのである。それは自己 Self のもつ宗教性と通底する。この山も，ある意味，島であり，基地であり，新しい家であり，曼荼羅である。上述してきた島や曼荼羅の変形であろう。

　当初地下に埋められて隠されていた蛇が，今や三段となって垂直方向へ積み上げられている（三段の蜷局）のかもしれない。垂直方向へ統合されているのではないか。ちなみに弁財天は蛇の化身でもある。弁財天の女性性に対し，役行者は男性性である。両者はボーリンゲンの石の彫り物のように二段目に彫られ，頂上の黒い仏陀と一段目の三体の仏像を仲介し，助け，サポートしている。黒の意味については II 章で上述した。一段目，二段目，三段目を取り囲む石の数は，13，11，7 である。三段目の七個の石は上述してきた北斗七星に関連しよう。「介介」は文字通り仲介する双子としての両面性かもしれない。私は内なる聖地をもっているのである。

図 251　箱庭 109

図 252　箱庭 109

図 253　箱庭 110

図 254　箱庭 111

図255（箱庭112）は空の中心があり右下に火山がある。右側に中心に一個ずつ石をもつ細長い湖が六個あり，左上に八個のストーンサークルを含んだ湖，左真ん中に十九個の色のタイルで囲まれた湖がある。左縁は四個の石柱が立ち，はっきり写っていないが手前の左下隅と火山の間には五つの羽根が林立する。中央と左上の湖の間には五つの穴が開き，井戸がある。中央上部には緑色の小さい蛙，亀，蛇がいる。

　私は制作の際，湖池や石に水を注いだ。生きている植物や花に対するように。中心の空と火山が，特に私のお気に入りである。

　穴，井戸，湖池は下へ下がっていくと水脈で繋がっていよう。火山のマグマはその水脈の更に深くに存在するもので，火山を通して天に噴出している。水脈やマグマは無意識の重層であろう。石柱や羽根，火山は天と地を仲介する。石という長い年月をかけて凝結された大地の要素を用いて，これらの天と地のメッセージを具現化・具体化しようとしている。魂と肉体 soul & body である。無意識の心理的なメッセージを，箱庭という「自由で保護された空間」で，砂や石という物理的な大地の要素を用いて表現する所以である。「魂」を「肉体」を使って（介して）表現していると換言できよう。

　まず砂に物理的に触れ，砂の感触を確かめ，無心で，手の自由な動きに任せ，身を委ねる。その瞬間に，無意識のメッセージが現れる，醍醐味とポイントであろう。

　図256（箱庭113）は中央の山の中に大きな玉と十二個の小さな玉があり花のようである。四隅は青い部分になっていて，右上には樋口和彦先生，左上にはユング研究所の同僚夫婦とその赤ちゃん，はっきり写っていないが左下には障子のある日本風の部屋で私が金のコインを発見している。右下には八個の小さい玉で囲まれた三つの大きい卵がある。

　中央が島や山や器の，ある種の曼荼羅の変形であろう。樋口先生は私の恩師であり老賢人の知恵をもつ，導き手であろう。中央の花弁の卵を含めて，四方から赤ちゃん，三つの卵，金のコインなど新しい可能性を私は得ようとしている。火山を掘り下げていくと花弁のような宝が出てきたのだろう。

　障子は紙の戸で日本的特徴をよく表す。薄いので音や気配がよく分かる，

光が眩しくない程度によく入るなどである。空気を読み，雰囲気を敏感に感知することを促進している。私にとって，敏感すぎることも危険ではあるが，無意識領域においてこのような日本的な直観や感覚・感知またはアニミズムが上手く働くことが有益なのであろう。

　図257（箱庭114）はマッターホルンで，山を望むスネガ展望台近くのLeiseeの畔（手前）で私，妻，息子が遊んでいる。好天に恵まれた家族旅行の楽しい思い出である。私たちから望んで山の背後（左側）には聖母マリア像，太陽，石柱などが置かれている。

　私は，マッターホルンは山岳信仰におけるご神体に近いものと感じている。日本で言えば，独立峰の富士山，白山，御嶽山などである。日本人は自然に近く，自然を尊び，畏敬の念を抱き祈りの対象とする。そこには，アニミズムや投影（投影性同一視）があるだろう。

　また登山は「イニシエーション」でもある。スネガ展望台は標高約2,000メートルであるが，そこでパノラマの展望が得られるのである。天と地の間に立つことができると言えよう。家族旅行で楽しんだと同時に，私の内なるご神体，内なる新しい眺望を得たのかもしれない。

　図258（箱庭115）は茶道茶碗である。中身が空・無の「器」vessel, containerで，外側表面には貝，スカラベ，色とりどりのアイテムで模様が描かれている。茶碗の周りを大小の石が取り囲んで，ストーンサークルのようになっている。

　この茶碗の「器」自体が，自由で保護された空間であり，内部が空・無であるからこそあらゆるものを入れることができる。自由たる所以である。茶碗は，無意識のメッセージ，詩的霊感，インスピレーション，神託をキャッチする器である。私は新しく来たるべきものに備えている。茶道というもてなしの心をもって。

　この茶碗も，上述してきた島，山，器，曼荼羅の変形であろう。

図 255　箱庭 112

図 256　箱庭 113

　個性化プロセスとユング派教育分析の実際

図 257　箱庭 114

図 258　箱庭 115

図 259（箱庭 116）は手の動きに任せた作品である。中央の水には石が積まれた塔 stupa があり頂上に種が置かれている。また赤い花びらもある。中央の水の周りは砂の白波，風紋があり，石や花びらが散在し，石庭のようである。

砂の紋様は，渦のように嵐のようにダイナミックである。一方，石庭自体は静寂である。中央の水は子宮で，種は胚あるいは胎児かもしれない。石塔や赤い花は私の母の死を悼むものかもしれない。母の死後約五か月経ったが多忙で十分死を悼む時間がもてなかった。動と静，生と死の鬩ぎ合いが表現されている。

母の死を通して，私は改めて家族とどう向き合うか（特に妻と息子に対して），突き付けられたと言えよう。

図 260（箱庭 117）は海底火山であり四方八方に足が伸びる巨大蛸である。

無意識の底にあり，巨大なマグマとエネルギーを秘めている。巨大蛸は太母 Great Mother でもある。四方八方に繋がる曼荼羅でもあろう。

Ammann 氏は，この作品を見て「It's time to go home.」とコメントした。スイスへ来て四年二か月であったが，一仕事終えた区切りであると感じられたのであろう。

図261（箱庭118）は多足類の蟹，蜘蛛，蛸あるいは顔？ の形の土台の上に，石組みされた井戸がある。土台の中で井戸は石や羽根に囲まれている。上部の枠の上には赤と白の天使がいて，上部には緑色の小さい亀，蛇，蛙と人魚や女性，子どもたちがいる。その手前の土台の上部には指揮者が立っている。写っていないが，下部（手前）の枠の上には三羽の梟と青い鳥がいて，左下と右下の隅には黒いカラスが，それぞれ一羽と二羽いる。

　上部の音楽や子どもたちの遊びは，私の人生の楽しみである。下部の梟の知恵や黒いカラスが表す影や悪，憎しみ，攻撃性（黒化 nigredo としての可能性）は，私の内なる聖なる部分である。井戸そして井戸掘りは，私の個性化のプロセスであろう。私は人生を楽しみ（音楽，遊び），聖なる部分を尊重しながら，個性化という井戸掘りをしているのであろう。それは大蛸のような太母性とも関連し，蟹のように脱皮して変容するかもしれない。

　図262（箱庭119）は中心が原始的なストーンサークルに囲まれた祈りの場である。祈りの場は上下左右併せて計五個ある。アフリカ人や藁草の家，ドライフラワーなど茶色の物があり，砂漠の中のオアシスのようでもある。右側には井戸と炉（火）があり子どもたちが遊んでいて，旅人が祈りを捧げている。左側でもアフリカ人の背後で子どもたちが遊んでいる。

　祈りの場の中心は空・無であり畏敬の念，ヌミノースを感じさせる。私は祈り，祈りは私に語りかける。私自身が無意識裡に自身の内部に祈りの場をもつのであろう。「無と充満」であると同時に，自身を振り返り映し出す鏡であるかもしれない。

　なぜ五個の祈りの場なのか。完成数の四プラス一であり，新たなスタートを予感させる。

　なぜ砂漠なのか。水や緑の木々はオアシスに限られ，灼熱の太陽と不毛な砂のみの厳しく激しい生と死のコントラストである。「出エジプト記」に見られた精神性でもある。そうしたものが私に突き付けられている。

図 259　箱庭 116

図 260　箱庭 117

　個性化プロセスとユング派教育分析の実際

図 261　箱庭 118

図 262　箱庭 119

図263（箱庭120）は桂林の漓江の川下りをイメージしたものある。川の上流にはコウノトリ，緑色の蛙がいて，中央を船が下っている。川の下流（手前）には魚や亀が泳いでいる。右上の山の頂上には梟がいて，右下の山の上には（はっきり写っていないが）緑色の大きな卵がある。左上の池には緑色の鴨とコウノトリがいて，左下には翡翠の玉が散在して大小のスカラベがいる。

　緑が多く，川も滑らかに流れ，左右のバランスのとれた風景である。2007年4月の復活祭前後の時期に制作された。卵やコウノトリの運ぶ赤ちゃんなどは「復活」と関連しよう。川の上流のコウノトリの運ぶ赤ちゃんは，桃太郎のように川を流れてくるかもしれない。桃は邪を払い，新しい可能性を私は得られる。スカラベ，翡翠や梟の知恵も幸運をもたらす。冬を克服して，緑豊かに新生・再生・復活した春の豊穣・富・幸せ・平和を，私は今享受しているのである。

　図264（箱庭121）は左側はピンククオーツや滑らかな小さい石が置かれて平和・平穏であるが，右側は水を用いてささくれ立って大きなブロックのような石が置かれ攻撃的である。

　左側が陽であれば，右側は陰であろうか。陽と陰の左右に分割されており，箱庭98や箱庭103と左右が逆転している。個性化のプロセスは直線的ではない。行きつ戻りつの周回 circumambulate の一種かもしれないし，人生とはそういうものかもしれない。攻撃的になり，平和になり，辛く苦しくなり，楽しくなり，攻撃的になり，平和になり，苦しくなり，楽しくなり……と繰り返すのであろう。

　また同時に，左側の無意識領域が陰であることが多かったが，陽が当たるようになり意識化されてきたのかもしれない。

　左右の間の水の川は箱庭120の川の変形で依然流れているのである。

図 265（箱庭 122）は手の動きに身を任せて作られたイメージである。中央のストーンサークル内部が「聖なる場所」である。

　上部（奥）を首から顔に見立てると，「聖なる場所」自体が身体で，両腕と両足を広げているようにも見える。手前の山の塊は，大きなペニスで「聖なる場所」の子宮に結合しようとしているのか。あるいは「聖なる場所」の子宮から，新生児（山の塊）が生まれようとしているのか。手前の方から山の塊を顔に見立てると，両腕を広げて，奥の分娩台に両足を広げているようにも見える。見様によって相互的である。

　石は，木と比べて，より具体的なもの，凝集・凝結したものである。木々は枯葉を落とし枯れたら土の上に還る。土の上に落ちた葉や枝，幹は積み重なって腐敗していく。腐敗した土壌は年月をかけて固まっていき石化する。石は凝縮された大地の要素，ある意味での自己 Self でもあろう。

　私は，母なる大地と結合しようとしているのか，母なる大地から新生児を得ようとしているのか。妻，亡き母，陽性転移としての Ammann 氏，箱庭療法（D. Kalff 氏）自体が「母なる大地」なのかもしれない。見様によって相互的なのも，このことと関連するだろう。

　図 266（箱庭 123）は中央の楕円の場所（島ではない）に竈と井戸，篝火，太鼓があり，四つの羽根で囲まれて，女性や子どもたちがいる。手前にこの場所へ行く橋が架かっている。外部には四隅は大きい石柱が立ち，色とりどりの小石，芝，二十八個の穴で囲まれている。穴は自分で掘った井戸であり，内部の場所の穴のない井戸とは違うようだ。

　楕円の場所は，私の内なる「聖なる場所」である。竈や篝火の「火」と井戸の「水」を必要とする。生命・情熱の火であり，料理や錬金術においてのように，沸騰させ，溶けさせて，「変容」に必要である。井戸の水が少なければ，橋を渡って，外の井戸から汲み出せばいい。

　二十八個は七×四で，七つのガイドと完成数をかけている。私自身が一つ一つ穴を掘る作業をしたことに意味があろう。攻撃性でもあり，水を得るために汗水流す大事な作業であった。

図263　箱庭120

図264　箱庭121

　個性化プロセスとユング派教育分析の実際

図 265　箱庭 122

図 266　箱庭 123

図267（箱庭124）も左側が陽，右側が陰になっている。箱庭121と同じで，左右に分割された箱庭98，箱庭103とは左右が逆である。

左側には黄色や赤色のドライフラワーの薔薇や滑らかな石があり，砂漠ではあるが穏やかである。右側は水に濡れて凸凹しておりごつい石があって，攻撃的である。右側真ん中の縁近くには木があり妻と子どもがいる。左下には子どもとサボテン，（写っていないが）マリア像がある。左右の間には川が流れて赤い三つの橋が架かっている。手前の二つの橋（一つは写っていないが）には小さい象がいる。川や川辺には緑色の蛙，亀，魚や茶色の河馬がいる。

単純に左右が陽と陰で分断されているのではなく，左には水を蓄えて生き延びるサボテンがあり，右にも緑の木や妻（アニマ）・子どもがいて，左右を繋ぐ橋が三つも架かっている。かなりの頻度で交通できるであろう。二匹の小象は左右を取り結ぶ（双子の）ホムンクルスかもしれない。川も緑の蛙，亀，魚がいて豊穣である。左右の分割も分割ではなく，左右の機能をお互い繋ぎつつある。橋は左脳と右脳を結ぶ脳梁かもしれない。単に左と右を統合するのではなく，それぞれの特性や機能を相互に活かしていくことであろう。

箱庭120で左右のバランスのとれたイメージが，転回点kairosになっていたと思われる。

図268（箱庭125）は夢のイメージに基づき，高校時代の恩師Y先生に会いに行くところである。右側約半分は湖になっている。左奥から真ん中は背後に石のある寺と神社に挟まれた古い家がある。その手前でY先生と四人兄弟の子どもたちがいるところへ，私と妻，息子が向かっている。

Y先生とは私の内なるガイドで，四人の子どもたちは私の内なる新しい可能性，ホムンクルスかもしれない。Y先生は出世欲がなく趣味に没頭するのんびりしたタイプの人で，異文化に興味があり海外へよく出かけている。ブータン，マダガスカル，アンコールワット，韓国などである。私がスイスという異文化で日本人としてのアイデンティティを問い直されて，東洋と西洋の比較に関心があることと関連しよう。卒業論文では異文化と宗教，特にインド，ペルシャ，佛教，禅についてまとめていた。

手前の私の位置から右側は方位では「東」である。私にとっての「東洋」を意味しよう。右半分の湖は，水も注がれ「無意識」と「陰 yin」の極まる，豊かな水脈であろう。私がこのテーマを究めることを促進させている。

　図269（箱庭126）は実質最終回の箱庭作品である（八か月後の帰国直前に最後にもう一つ制作している）。島の火山から火と水が噴火している。火山の手前部分には私の指紋の痕が付けられている。島の波打ち際で九個のピンククオーツが取り囲んでいる。その周りを十三個の石が取り囲み，石の周辺には子どもたちや女性がいる。左下隅には紅葉した木があり，右上隅には緑の梟のとまる常緑樹がある。

　火山と井戸，火と水が垂直軸で一緒になり統合されている。対立物の統合 union of the opposites であろう。入国時に犯罪者扱いされ取られた指紋（トラウマであり恨みであった）もこれで成仏するだろう。

　火山という「中心化」と，石や木，食べ物，子どもたちという喜びあふれた「廻りの日常生活」がある。私は中心化と廻りの両面をもつ。中心化では集中して求道的に勉学に励み，個性化のプロセスを貫く。廻りの日常生活では，家族との雑事や瑣事に巻き込まれながらもそれらを享受していく。時に闘い，口論しながら折り合いをつけていく。一方だけでは不十分で，両面必要ではないか。膨張だけではなく，地に足を着ける必要があるのである。

　この島（あるいは火山，器）は，私なりの対立物を統合した「曼荼羅」でもあろう。上述してきた曼荼羅の変形は，このように収斂されたのである。

図 267　箱庭 124

図 268　箱庭 125

　個性化プロセスとユング派教育分析の実際

図 269　箱庭 126

図270，271（箱庭127）は帰国直前の最後の挨拶時に作られた作品である。

　中央に三つの島・丘が重なって一つの島になっている。中心に私がいて，三つの丘の間の浜辺際にはそれぞれ三つの卵がある。三つの丘の側面には私の指紋が付けてある。四隅にも赤や青の狼煙（右下と左上は赤，右上と左下は青）と薔薇と共に，それぞれ卵がある。島の周りは石で囲まれ，枠の上にも人魚，旅人，フラダンサー，僧，労働者，老人，女性，子どもと石などがあり周りを取り囲んでいる。

　指紋は前回の箱庭126よりはっきり，丘の三面にわたって付けられている。私自身の痕跡traceでありアイデンティティであろう。砂に触ること，箱庭を作ることがここに収斂した。これを刻んだことで指紋はポジティブなものになり，前回同様，真に成仏したのではなかろうか。箱庭1で埋められた蛇もこれで成仏したかもしれない。

　三つの丘をもつ島の形自体が，下膨れの顔，お多福あるいはアマテラスの顔の形を連想させる。三つ巴の円の部分が結合した形である。アマテラスは日本の最高神の女神であり，日本人の太母Great Motherであろう。私は日本人のアイデンティティとしてアマテラスを自分のものにしなければならない。Ⅱ章のヴィジョン図1で現れたアマテラスは私にとって生涯の導き手であり課題なのである。巴は二つなら陽と陰yang & yinであろうが，三つであれば弁証法的に第三のものが超越機能として生まれるであろう。浜辺の三つの卵と四隅の四つの卵，計七個の卵が（北斗七星の変形として）新しい可能性を予感させる。

　枠の上のミニチュアもクライシス状況だった箱庭11と比べて，数が減り楽しげになり，安定してきている。境界としての枠の機能も，島の周りの石の囲みと相俟って，二重の枠で，安定していよう。

　私は中心の穴の中にいるのだが，このアマテラスの太母性・女性性ならびに日本人のアイデンティティを更に掘り下げていく必要があると思われる。

この8日後2008年2月に私はユング派分析家資格を取得して，日本へ帰国した。

図 270　箱庭 127

図 271　箱庭 127

結　　論

1．リアリティとは何かを自問自答し悩むこと

　私の場合は，クライシスの中で，心的窮乏における心的水準の低下によってもたらされた変性意識状態に取り組むことになった。意識と無意識の鬩ぎ合いであるが，その際重要なのは，内界と外界の境界がしっかりしていることであった。このプロセスが成立するには，外界に対する「基本的信頼感」が前提となる。

　基本的信頼感の土台となるのが，心理的に脅かされないことである。具体例としては，ビックデータを収集する監視社会という外的現実を「気にせず生活すること」[63] である。

　心理的かつ物理的な安全保障がなされて，ひとは基本的信頼感を得て，自我の強さや現実検討能力，内界と外界の境界を強化できる。私の体験の問題の本質がここにある。外的現実としてのリアリティ自体が仮想現実として揺らいだことによって，内界と外界の境界が減弱化した。

　大事なことは，リアリティとは何か，という自問自答である。

　自問自答で悩んだことが，意識と無意識の鬩ぎ合いで第三の創造的な産物（描画や箱庭作品）をもたらし，自身が創造的 creative になれたことが大きか

63　デイヴィッド・ライアン著（田島泰彦・大塚一美・新津久美子訳）『スノーデン・ショック』岩波書店，2016, p.155

った。このことが「気にしすぎ」に対するひとつの解決策になり，「気にしすぎること」は小さなこととして相対化されていった。

　監視社会を敏感に捉えるひとにとっては，「気にせず生活すること」は難しいかもしれないが，私のプロセスにヒントがあるかもしれない。リアリティとは何かを自問自答し，悩み，もがきながら苦闘するプロセス自体の中に，答えはあると思われる。

<h2 style="text-align:center">２．変性意識状態と創造性／
私にとっての「見果てぬ夢」とは</h2>

　私の見果てぬ夢への旅路はどこから始まったのか。仕事一筋の父親を見て育ち，自分はそこから抜け出したい，出世したいという上昇志向が強く，中学生の頃からは，がり勉で我武者羅に勉強した。

　大学入学後は，反権力・反体制が私のアイデンティティの一部になっていった。これは厳格な父親に対する反発，すなわち父親コンプレックスから来るものであり，上昇志向の裏返しであると思われる。臺弘が「権威に楯突く者は，権威を有難がる者と同様に，権威にこだわりやすい権威志向的な人間であることが多い」[64]と指摘する通りである。

　医師になってからも反体制というアイデンティティは一貫していた。そのことが迫害感，被害感の「元」であった。スイスでクライシスに陥ったのも，アイデンティティに深く根付いた「元」が原因であったと思われる。しかし，この「元」なくしては，さらには，ヴィジョンや箱庭イメージはあり得なかった。私にとっては身を削るような苦しいものであったが実り多きものでもあった。ここに変性意識状態と創造性の弁証法がある。

　反体制というスタンスは，権力（パワー）コンプレックスや父親コンプレックスあるいは（自我肥大した）救世主願望や英雄願望に基づくものかもしれないが，創造的である限り意味がある。ユングの言うように「批判は創造

64　臺弘著『誰が風を見たか―ある精神科医の生涯』星和書店，1993, p.141

的である限りでのみ正しい」[65]。例えば，小林多喜二（小説家），山本宣治（政治家），山本薩夫（映画監督），山田洋次（映画監督）らの作品が大衆の心をつかむのは，反体制で革新系だからではない。庶民の心の機微を把握し，心に訴えるからではないか。何が正しく何が間違っているかの「正義」だけを振りかざすのではなく，迫害され虐げられた名もなき人々の魂の叫びを掬い上げているからではないのか。私は現在，声高に正義を振りかざすよりも，足元の日常生活の地に足を着ける方を重視しているが，虐げられた人々の叫びを忘れたわけではない。私も明らかにそちらの側であるからだ。ユングは自身を「もし中世に生まれていたら魔女狩りにあっていただろう」と述べている。異端のグノーシス，マニ教，錬金術の研究を通してキリスト教に挑戦していたからである。しかし，ユングの真意は，キリスト教に抑圧された「女性性」「肉体性」の復権にあったと思われる。つまり，ユングの著作は虐げられた人々への鎮魂歌なのである。湯浅泰雄[66]の指摘する「死者たちの鎮魂のための精神史」である。

　　歴史の舞台には，勝利者があれば必ず敗北者がある。光の精神史の裏面には影の精神史がある。ユングは，栄光の歴史の影に怨みをのんで消えて行った無数の死者たちの鎮魂のために，その精神史を書いたのである。

　私は自身を含めた死者への鎮魂歌を書きたかったのである。私の内なる蛇や龍，クライシスの喪の作業である。辛く苦しい作業であるが，生き延びるため，再生するには必要なものである。対象関係論学派でいえば，P-S positionから抑うつ態勢 D position への移行（思い込みの強い状態から痛みを伴う現実を受け入れる状態への移行，ああ現実はそうだったのだと過去の自分に罪悪感や後悔を抱き抑うつ的になること）であろう。現実を直視するには，罪悪感や哀しみ，悲しみ，悲哀，辛さ，しんどさを伴う。しかし，それをくぐり抜けてこそ，再生できる。

　フロイト派のように全て言語化するのではなく，ユング派では無意識のイ

65　C・G・ユング著（林道義訳）『ヨブへの答え』みすず書房，1988, p.150
66　湯浅泰雄著『ユングとキリスト教』講談社学術文庫，1996, p.366

メージを扱う。ヴィジョンの描画や箱庭制作におけるイメージである。言語化して直面化するのがきつい場合には，それによって，ワンクッション置けたのではないか。イメージを教育分析家と共有することで，私の無意識を安全に取り扱うことができたと思われる。ここでも時間をかけての時熟が重要であった。

ヴィジョンの描画や箱庭制作はそれ自体が，創造的 creative である。さらに，それらを描いたり作ったりすることで，私は客観的に，距離を置いて，自分の内面（無意識）を見ることができた。無意識の意識化である。無意識はこちらの意図を越えて，自律的 autonomy に動き，自発性 spontaneous 柔軟性 flexibility をもつ。これこそが創造性 creativity たる所以ではなかろうか。圧倒的な無意識の力に呑み込まれることなく，無意識と意識が鬩ぎ合う弁証法の中から「創造性」は立ち上がるのである。

私の「見果てぬ夢」The Impossible Dream は何であったのだろうか。

「無敵の敵と戦い，耐えがたき悲しみに耐え，勇者さえ行かない場所に出向き，不正を糺し，届かない星に手を伸ばし，その星を追い求め続ける。どんなに遠くにあっても無力でも関係ない。何もあげるものがなくても喜んで与えよう」（本書冒頭参照，歌詞は著者訳）。ドン・キホーテは何を得たのであろうか。

私は「内なる龍」と出会った。ユングのいう意味での「内なる龍」[67] である。私にとっての探求 quest は，

　龍と果敢に対決し，それにもかかわらず破滅しない者のみが手に入れることの困難な宝を発見し，獲得する

（引用の原文を改変）

過程である。苦しみ，悪戦苦闘し，もがいたが故に得られた，実り多き宝なのである。「見果てぬ夢」にチャレンジし続けるプロセス自体が重要だったと思われる。そして今もなお，途上にある。

67　C・G・ユング著（池田紘一訳）『結合の神秘 II』人文書院，2000, pp.337-338

Closing Remarks

明恵上人歌集[68]152 に以下の歌がある。

あかあかやあかあかあかやあかあかや
　　　　あかあかあかやあかあかや月

　明恵上人らしい童心と実直さが溢れている。「あか」は赤色や明るい, あるいはあきらめる, かもしれない。赤色は血, 火, 情熱, 情念, 生命の色であり, 月明かりの灯台のようなともしび, かもしれない。月明かりはガイドとして導き手になろう。

　ユングが 1912/3 年から 1929 年までの「無意識との対決」を「赤の書」と名付けたのは興味深い。ユング自身の精神病様体験を含めた, 血と汗と涙と生命が込められているからであろう。

　あきらめる・諦めるには, 明らかにして見極める, という意味もある。本著作では明恵上人のような童心・実直さに加えて私の血・汗・涙・生命を込めたことを, 明らかにしたかった。

　当事者の情熱と情念の「赤」に専門家としての客観性をもった冷静な「青」を併せて,「紫」（赤色と青色を混ぜると紫色になる）とするべく本の装丁を紫色にした。「紫」は「変容」の色である。従来の当事者研究は empower が得られ有効性が高いが, 当事者にしか分からない, 主観的で, 精神症状に対する評価の甘さがあると批判されることもある。約 14 年前のプロセスを改めてスーパーヴァイズすることにより, 専門家として精神状態や経過などを客観的, 普遍的に厳しく評価する視点を加えたことが, 本著作の独自性であろう。

68　明恵著, 久保田淳・山口明穂校注『明恵上人集』岩波文庫, 1981, p.44

引用文献・参考文献一覧

Abt, T. *Introduction to Picture Interpretation According to C.G. Jung.* Living Human Heritage Publication, 2005

秋元波留夫著『精神医学逍遥』医学書院，1994

N・クォールズ＝コルベット著（菅野信夫・高石恭子訳）『聖娼』日本評論社，1998

E・F・エディンガー著（岸本寛史，山愛美訳）『心の解剖学―錬金術的セラピー原論』新曜社，2004

H・F・エレンベルガー著（木村敏・中井久夫監訳）『無意識の発見　上』弘文堂，1980

A・グッゲンビュール＝クレイグ著（氏原寛訳）「ユング派などいない…しかしやっぱりいる」こころの科学 92, 日本評論社，2000

Jacobi, J. *The psychology of C.G. Jung.* Yale University Press, 1943

C・G・ユング著（池田紘一，鎌田道生訳）『心理学と錬金術 I』人文書院，1976

C・G・ユング著（小川捷之訳）『分析心理学』みすず書房，1976

C・G・ユング著（林道義訳）『ヨブへの答え』みすず書房，1988

C・G・ユング著（林道義・磯上恵子訳）『転移の心理学』みすず書房，1989

Jung, C.G. (William McGuire Ed.) *Analytical Psychology, Notes of the Seminar given in 1925.* Princeton University Press, 1989

C・G・ユング著（松代洋一訳）『空飛ぶ円盤』ちくま学芸文庫，1993

C・G・ユング著（池田紘一訳）『結合の神秘 I』人文書院，1995

C・G・ユング著（池田紘一訳）『結合の神秘 II』人文書院，2000

C・G・ユング著（入江良平・細井直子訳）『夢分析 II』人文書院，2002

C・G・ユング著，A・ヤッフェ編（河合隼雄，藤縄昭，出井淑子訳）『ユング自伝 1』みすず書房，1972

C・G・ユング著，A・ヤッフェ編（河合隼雄，藤縄昭，出井淑子訳）『ユング自伝 2』みすず書房，1973

C・G・ユング著，A・ヤッフェ編（氏原寛訳）『ユング―そのイメージとことば』誠信書房，1995

C・G・ユング著，S・シャムダサーニ編（河合俊雄監訳）『赤の書』創元社，2010

笠原嘉著『精神病と神経症　第一巻』みすず書房，1984

Kast, V.　私信，2007, 2016

加藤清著『この世とあの世の風通し』春秋社，1988

加藤清著「サイケデリック現象と究極的関心の活性化」堀尾猛編集『明日への提言―京都禅シンポ論集』所収，天龍寺国際総合研修所，1989/1999

河合隼雄著『明恵　夢を生きる』京都松柏社，1987

河合隼雄，ヨゼフ・ピタウ著『聖地アッシジの対話』藤原書店，2005

D・ライアン著（田島泰彦・大塚一美・新津久美子訳）『スノーデン・ショック』岩波書店，2016

C・A・マイヤー著（河合隼雄監修，氏原寛訳）『ユング心理学概説3　意識』創元社，1996

明恵著，久保田淳・山口明穂校注『明恵上人集』岩波文庫，1981

中井久夫著『分裂病と人類』東京大学出版会，1982/2013

中井久夫著「統合失調症における『焦慮』と『余裕』」（『統合失調症Ⅰ』所収）みすず書房，2010

野口晴哉著『風邪の効用』ちくま文庫，2003

G・オーウェル著（高橋和久訳）『一九八四年』（新訳版），早川書房，2009

白川静著『字通』平凡社，1996

『スノーデン』（映画）のパンフ，2017.　© 東宝（株）映像事業部・（株）博報堂DYミュージック＆ピクチャーズ

M. Stein (ed.) *Jungian Psychoanalysis.* Open Court (Carus Publishing Company), 2010

鈴木康広著『宗教と心理学—宗教的啓示と心理学的洞察の対話』創元社（自費出版），2011

高橋哲郎著『子どもの心と精神病理』岩崎学術出版社，1988/2003

塚崎直樹　私信，2015, 2016

臺弘著『誰が風を見たか—ある精神科医の生涯』星和書店，1993

アト・ド・フリース著（山下主一郎主幹，荒このみ他共訳）『イメージ・シンボル事典』大修館書店，1984

B・G・ウォーカー著（山下主一郎主幹，青木義孝他共訳）『神話・伝承事典』大修館書店，1988

Winnicott D.W. *Playing and Reality.* Tavistock Publications, 1971（/Routledge Classics 2005）

湯浅泰雄著『身体の宇宙性』岩波書店，1994

湯浅泰雄著『ユングとキリスト教』講談社学術文庫，1996

引用文献・参考文献一覧　［321］

あとがき

　自分の過去の体験の「喪の作業」，自分を含めた死者あるいは過去の亡霊への鎮魂というのが執筆の動機である。それらの人々が再生，新生するために，勇気づけ，力づけるものであってほしいという願いが込められている。

　当事者が語るプロセス，当事者研究として，当事者にとってお役にたてれば幸いである。著者の場合，周りのサポートが十全にあり奇跡的に恵まれた環境であったが，「希望を捨てない」「楽観的であること」を強調しておきたい。また専門家にとっても，精神状態の縦断的かつ横断的プロセス，またユング派教育分析の実際のプロセス（個性化のプロセス）として，参考にしていただければ幸甚である。

　当事者にしろ専門家にしろ，誰もが「内なる龍」をもっている。「内なる龍」との闘いと折り合いの参考記録として，お役に立てればと願っている。

　スイス留学中はさまざまな教育分析家やスーパーバイザーにお世話になった。言語上の問題もあり時に意思疎通が困難な場合もあった。その分，動物的・本能的な「直観」機能が働くのだが，それは一歩間違えば思い込みに繋がる危険性を秘めたものだった。そうした極限状態で，家族と，著者を導いてくれた以下のユング派分析家に感謝したい。故 Dr. Guggenbühl-Craig Adolf 先生からは paradox を学んだ。故 O'Kane Françoise 女史からは文化人類学・民俗学的に広く文化を見る視点，自国文化を相対化することを学び，そして夢分析やヴィジョンの描画をやり抜く勇気をもらった。Körner Waltraut 女史からは supportive な態度を学んだ。Ammann Ruth 女史と Kalff Martin 博士からは箱庭療法を通して animism や投影性同一視，審美的芸術性，情動性，セラピストとしての感性・感知能力を学んだ。Kast Verena 教授からは本物の知性と熱意 enthusiastic を学んだ。

　これからユング派の教育分析やスーパーヴィジョンを考えられている方

は，自身にとっての「先生」を見つけて，出会うことが必要であろう。

　最後に，インスピレーションを与えてくれた音楽家の方々に感謝したい。出版に際し御助言をいただいた真栄城輝明先生，遠見書房の山内俊介さんと駒形大介さん，そして Ammann 先生に感謝致します。

2018 年 1 月 8 日　新年を迎えて

鈴木康広

索　引

著者略歴

鈴木康広（すずき やすひろ）

　佛教大学教育学部臨床心理学科　教授。

　ユング派分析家（Zürich, 2008）。

　臨床心理士，博士（教育学），精神科医。

　国際箱庭療法学会（ISST）ティーチングメンバー。

　1988 年　京都大学医学部医学科卒業。

　3 年間の内科研修を経て，8 年間吉田病院精神科に勤務。

　京都大学医学部研究生（精神医学）を経て，スイスのユング研究所に 5 年 4 か月留学。

　2008 年　ユング派分析家となる。

　現在，佛教大学，プラクシス鈴木に勤務。

著　書

　『宗教と心理学』（創元社，2011）

個性化プロセスとユング派教育分析の実際

2018 年 2 月 3 日　初版発行

著　者　鈴木康広

発行人　山内俊介

発行所　遠見書房

〒 181-0002　東京都三鷹市牟礼 6-24-12
三鷹ナショナルコート 004
Tel 050-3735-8185　Fax 050-3488-3894
http://tomishobo.com　tomi@tomishobo.com
郵便振替　00120-4-585728

印刷・製本　モリモト印刷

ISBN978-4-86616-042-9　C 3011